九万里风

小桥／著

成都时代出版社
CHENGDU TIMES PRESS

图书在版编目（CIP）数据

　　九万里风 / 小桥著. -- 成都：成都时代出版社，
2020.12（2024.2重印）
　　ISBN 978-7-5464-2710-2

　　Ⅰ．①九… Ⅱ．①小… Ⅲ．①刘鹏－传记 Ⅳ．
①K825.38

中国版本图书馆CIP数据核字(2020)第216447号

九万里风
JIUWANLI FENG

小　桥　著

出 品 人	达　海	
责任编辑	兰晓鋬鋬	
责任校对	唐莹莹	
装帧设计	悟阅文化	
责任印制	黄鑫　陈淑雨	

出版发行　成都时代出版社
电　　话　（028）86742352（编辑部）
　　　　　（028）86615250（发行部）
印　　刷　三河市嵩川印刷有限公司
开　　本　880mm×1230mm　1/32
印　　张　5
字　　数　140千
版　　次　2020年12月第1版
印　　次　2024年2月第2次印刷
书　　号　ISBN 978-7-5464-2710-2
定　　价　32.00元

刘鹏在做化学实验

这是1979年
刘鹏与其父刘治
雄在开发新产品

2

序

　　一个生于江南小镇书香门第的公子，未成年便历经磨难，好学却被大学拒之门外，聪慧却不得不为五斗米奔劳。他在"文革"期间被批斗却夹缝中求生，当起了一方的财神爷。改革开放给了他放飞自我的空间，从此他实业为家、挥斥方遒、笑傲江湖。风生水起之时又偏偏去国有企业日用品商城当了老总，待企业实力占据国内市场前列后光荣退休，潇洒一转身又是另一段峥嵘岁月。

　　时光在他身上好似被发酵了，显得特别的宽长，塞得下无数个可圈可点的故事，他就是刘鹏，我们都喊他鹏叔。

　　我第一次听到刘鹏这个名字时在念初中，那时我的外公和阿姨都在有机化工厂工作。初听觉得"刘鹏"这个名字很威风，但离我很远。没想到多年以后，他成了我的良师益友，我有幸听到他的精彩故事，因此有了这本书。

　　鹏叔是一位德高望重、和蔼可亲的长者，我想大部分人都会这么觉得，可随着他的故事一个一个写下来我才发现，这个永远笑嘻嘻的温和老人竟然经历了那么多现实的反转。环境的变迁、人情的冷暖、世事的更替，就如阴晴难测的天气，变幻于苍穹之中。细细想来，每一个故事背后都是一种考验和历程，有的考量他的创新能力，有的考量他的沟通能力、学习能力、协调能力、观察能力、决断能力、策划能力等，还有的考量他不可或缺的领导能力、抗挫折能力、应急能力，等等。我曾经尝试用九型人格来分析鹏叔，但最终失败了，我只能给出一个大概的人格诊断来：鹏叔是完美型＋给予型＋实干型＋领导型＋调停型的综合型人格。请专业的分析人士莫要笑我，原谅我的代入感，以故事里那些角色的感知来下结论吧！

借古人李白的《大鹏赋》来比喻鹏叔，我想是比较贴切的：不矜大而暴猛，每顺时而行藏。参玄根以比寿，饮元气以充肠。戏旸谷而徘徊，冯炎洲而抑扬。

审时度势，顺应时宜，厚性宽中，进退有度。九万里风斯在下，八荒六合任翱翔。

小桥不才，谨以此书，献给尊敬的鹏叔。

作者声明：

鹏叔此生，故事太多，精彩纷呈，书中仅取部分，以小故事形式述之，描一斑不足以画全豹，只为写一种时代精神和创业者特质。书中时代背景为实，人物多为虚构，若有雷同，纯属巧合，请各位看官万勿对号入座。特此谢过！

CONTENTS / **目　录**

1

金鹏入世

传说北宋崇宁二年，西方极乐世界大雷音寺中，时任众神中被誉为佛祖的、最高级别的"教授"——如来先生开坛讲道，四大菩萨、八大金刚、五百罗汉、三千揭谛、比丘尼、比丘僧等圣众学生满怀敬仰之情，听得如痴如醉。正当如来教授说得莲花四绽、宝雨缤纷之际，有一位名号"女士蝠"的星官前一夜贪吃多进了些食物，导致今日五脏六腑加班加点工作，那废料在腹中盘憋不住，星官无奈之际只得偷偷放了个屁。敢情这位吃得口味太重，仙气一出谷道，竟熏得四周几位头晕眼花，摇摇欲坠。这等大不敬之事惹来了众神侧目，如来教授好好的一堂课竟被扰了，其中一位尤为恼怒，便是佛顶上一位眼射金光、背呈祥瑞的护法神祇——大鹏金翅明王。他怒目一瞪，展翅飞过，一嘴啄死了那女士蝠。结果明王因行事过激被如来佛祖贬入红尘，投胎到一位叫岳和的员外家当儿子。临盆那晚，岳和的妻子梦见一只金光闪闪的大鹏扑入怀中，接着就生产了。她便是大名鼎鼎的"岳母"，是中国历史上赫赫有名的文身大师，代表作是在他儿子背上纹的"精忠报国"四个字。刚生下娃的第二天，一位骨骼清奇、面容慈善、飘然若仙的老道，自称是处士陈抟来访，将此子取名岳飞，字鹏举。岳飞成年后乃是一代著名军事家、思想家、文学家。

八百多年后，台州路桥有一位女子做了一个和岳母类似的梦。

1939 年，冬，浙江台州路桥。

十里长街上的大部分行人面色肃穆、行色匆匆，即使最繁华的店铺也都早早地上了门板。日寇入侵带来的恐怖杀戮让这个冬天有着非同一般的寒冷，这块商贾之地的百姓在初初的战栗惶恐之后，奋起反抗，有钱出钱，有力出力，投入了如火如荼的保家卫国战争中去。

其中最有代表性的人物当数时任路桥商会会长刘治雄。刘会长乃是一代儒商，毕业于上海光华大学（现华东师范大学）化学系，因学业成绩过人被学校留校任教；后因授业恩师廖世承的邀请，在湖南蓝田国立师范学院任教。1935年，他回乡成婚，之后因父亲刘剑郎去世，身为长子的刘治雄为了父亲遗愿，遂辞职回乡。与好友卢英逊、解若冰等一起开办了路桥第一家股份制实业"一利酿造厂"，秉着"科技兴厂"的理念和勤勤恳恳的工作，盈利颇丰，加上为人仁厚仗义，被推选为商会会长。抗日战争期间，他殚精竭虑出资出谋出人脉，助抗战、恤烈属、保乡民、护家园，还暗地里为郏国森等中共地下党员提供了不少掩护。刘治雄的妻子陈氏佩莲，乃是泽国一大户出身，知书达理、温婉可人，与刘治雄琴瑟和鸣，伉俪情深，已育有一子三女，此时又身怀六甲，即将临盆。

对于这个孩子，刘治雄夫妇是颇有期待的，长子青然聪慧敦厚，他们笑言要不求个伶俐乖巧的女儿，要不求个有着逸群之才的儿子。

这一日，阴暗了好久的天空突然放晴，久违的太阳一跃升空，让原本压抑沉闷的路桥多了几分跳动的色彩。空气中弥漫着干燥温暖的气息，十里长街上也出现了较以往多得多的人流，福星桥、南星桥、卖芝桥等桥边的回廊上也聚集了一些晒太阳的老人小孩，说笑声、叫卖声、讨价还价声夹杂着大人呼喊孩子的声音……被战火清空的热闹生活好似突然间回归了。

午后，话月巷里的刘家院子内。陈佩莲听着青然奶声奶气地背诵了几句唐诗后，便扶着腰走到了院子里，暖暖的阳光抚摸着她的肌肤，女儿上隔壁邻居家玩去了，家里清静得很。一阵笑意爬上她的脸颊，她将盘起的头发放下来，渐渐发重的身体让她困顿不已，将放在院子里晒着的婴儿衣服翻了一面后，她便回到屋里在床上躺下来。

日落时分，打铁铺的老三提着一壶老酒从卖芝桥上经过，见糕饼铺的张老板和嵌糕店的店主长人一起对着天空指指点点正说得唾沫横飞，旁边一堆男女老少眼冒金光赞叹莫名。

老三不由顺着他们的手指向西天看去，只见红日斜坠，余晖尤烈，竟将空中的云朵渲染得五彩纷呈，神态各异、色彩斑斓如气势恢宏的画卷般满铺西天。

其最先一朵巨大的云彩，竟似一只雄姿勃发、两翅箕张的大鹏端立潮头。但见其足萦虹蜺，目耀日月，乌背裹太山之崔嵬，金翼举长云之纵横。此时红日半掩，空中一阵清风流动，霎时六合生云，千里飞霞，此大鹏竟举翼腾云，直扑空中而来。

陈佩莲半睡半醒，恍惚中只觉得身处百花园中，青鸟合鸣、流水铮琮，正四顾赏玩间，只听半空一声长啸，一只金光闪闪的大鸟扑入怀中，顿时醒了过来，只感肚子一阵紧似一阵，不由地痛出声来，要生了……

且说卖芝桥上观云的众人见空中之象，不觉惊呼，正惊疑间，天上的大鹏云朵慢慢移动，天间空余五彩祥云，那红日便快要坠入西山。

大家不由七嘴八舌，揣测起来，有说明日天气必放晴，有说来年谷物会丰收，有说《封神演义》中的羽翼仙出来作妖了；茶馆里说书的秦先生大声说："依老朽看来，此为祥瑞也，当年岳飞岳爷爷就是大鹏金翅明王投胎的，长大后成了抗金名将，今时日寇入侵，怕是这疾恶如仇的金翅明王又转世来驱逐外寇了。"身边便有熟人称是，糕饼铺的张老板不无担心地说："如果是明王转世的话，等他长大了再抗战，那我们岂不是还要受苦十几年以上？我这把老骨头不知道还挨得到挨不到哦！"

一句话说得大家黯然。

"不然，"一个苍老但有力的声音响起，大家一听就知道是号称"迂夫子"的私塾先生余夫子了，但见迂夫子捏着颌下寥寥的几根胡须摇摇头说："不然不然，日寇逞凶是不会长久的，抗倭英雄肯定已然出世。庄子《逍遥游》中云：北冥有鱼，其名为鲲。鲲之大，不知其几千里也；化而为鸟，其名为鹏。鹏之背，不知其几千里也；怒而飞，其翼若垂天之云。是鸟也，海运则将徙于南冥……"

老三打断说："迂夫子，你老念这些我们粗人听不懂，你就大白话说了吧，你觉得这有啥名堂呢？"

迂夫子瞪了老三一眼，日寇之灾造成私塾停课已有月余，他每日里对着空空如也的课桌无人可授，喉咙里痒得急欲逮到好好说上一场的机会来过过瘾，好不容易有今日这发言之机，本拟引经据典深入浅出地长篇大论一番，却让老三这俗人给搅了，虽然心有不甘，但看看周遭那些熟悉的面孔，心里了然，也确实如此，知音恨少啊！

无奈，迂夫子只好咳了几声，接着道："快要说到了，我得说你们能听明白了哟，这可不是杜撰，是有典故的。庄子他老人家可是道家第一人，他的《逍遥游》里面有一句：水击三千里，抟扶摇而上者九万里。说的是，此大鸟转世投胎之人，日后必有腾天入地之能。你们想想扶摇直上九万里，这能耐，比日寇的飞机可高得多了……"

众人不禁"哦——"的一声，佩服地看着迂夫子，纷纷点头称是，此必是一个人物要出世了，那些家有孕妇的便成了打趣的对象。

这一胎是个儿子，刘治雄抱着襁褓中的婴儿，但见此子宽额高鼻、眸光湛然、声音洪亮，不由心下甚喜。他走出房门，只觉得天空一阵大亮，举目一看，恰好看到天空中的大鹏祥云。院子里早就聚了些闻讯而来的朋友，此刻正如卖芝桥上那群人一般，对着天空啧啧称奇，听到刘治雄抱着孩子出来之声，便一拥而上，七嘴八舌言道此子必是金鹏转世，日后当成奇才。

满月时，刘夫人抱着儿子去东岳庙烧香还愿。刚到庙门口时，被一道士打扮的人拦住，说是想要看一看这尚在襁褓中的婴儿。随行的阿姨一方面怕碰上江湖骗子，另一方面也怕惊了这刘家二公子，便婉言谢绝。

未料这老头稽首言道："贫道修行多年云游四方，虽以替人算命看相抄斋饱腹，但确是有几分识人之才，若少夫人信得过老道，老道不收分文，只求为小公子相上一面，当可确保无虞。"

刘夫人自打产下此子，关于空中金鹏的故事也听得多了，当年岳飞出世时陈抟老祖到访之事她也听过，此刻见东岳庙门口人来人往，又见老道面色慈善言语真诚，便不疑有他，解开襁褓，露出粉嫩粉嫩的一孩儿来。

老道上前一看之下，赞了句："此子天庭饱满、地阁方圆，相貌异于常人，长大后绝非池中之物。"说着老道退后一步，举手抱拳道："刘夫人，此子日后必兴刘氏，可喜可贺啊！"

言必，老道大笑三声，携了随身物件，飘然远去。

刘夫人问一旁众人，均言不知此道者为何人，众人对眼前一幕皆叹为观止，回去后自是众说纷纭，引为奇谈。

因这等原因，原本按路桥刘氏族谱论拟将此子起为三字姓名的刘治雄改了主意，以单字"鹏"为此子命名。那时候单名甚少，可见刘治雄对此子的重视。

这就是之后成为路桥一代实业家的刘鹏，也就是本书的主角。

童年记忆

要写刘鹏，不得不介绍一下其父刘治雄。因为在刘鹏的成长历程中，对他影响最大的就是父亲。

刘治雄（1909—1986），字正国，路桥镇话月巷人。1932年毕业于上海光华大学化工系，先后在上海光实中学和蓝田师范附属中学任教。1936年，考虑到父母年老，下有两个年少兄弟，家有妻子，刘治雄便回了路桥，和好友卢英逊、解若冰、郏国森等联手办了一个酿造厂，名"一利"，刘治雄任厂长。

刘治雄有技术为本，又善于经营，酿造厂办得风生水起。他是一个懂得感恩的人，一起的好友们皆是赤心拳拳，闲暇之余经常聚在一起想着如何为父老家乡做点好事，几番筹划之后，刘治雄便联合徐聘耕、解若冰等筹建办学事宜，选址路桥城区西南。1944年春，一座路桥规模最大的学校创办建成，时称"黄岩县私立路桥初级中学"，1949年易名为"黄岩县路桥中学"，1956年学校转为公立，改称"黄岩县第二中学"。后几经嬗变，复称"路桥中学"。为一方百姓子弟提供了受教育的机会，可谓功在千秋。

刘治雄的好友郏国森是中共党员，刘治雄虽然很少参与政治活动，但对好友的活动却是给了很多的支持，当时就有好几位地下党员在一利厂工作。作为路桥本土颇具规模的实业，一利厂员工的身份是非常好的掩护。

抗战时期，刘治雄又因时制宜，开始生产药物，一利酿造厂又兼具药厂功能。彼时战争如火如荼，路桥出身的将领陈安宝将军就是为国捐躯的一个英雄。当时的黄岩县成立了战时总商会，集民资对战争时牺牲的烈士家属进行抚恤，刘治雄自然慷慨解囊，倾力而为。

1941年，刘治雄任路桥镇镇长。正值乱世之际，刘镇长每日忙乎社会治安、筹资备物、人事灾情等，连一利厂的事情都无法如之前兼顾了。白日里刘治雄在镇公所忙碌，到了晚上，进出刘府的人自然也多了起来。

刘治雄此时年纪虽然只三十多点，但其在路桥的社会地位却是别人无可比拟的，一则他父亲刘剑郎也就是刘鹏的爷爷在本地德高望重；二则刘治雄自己非但秉承了父亲的仁厚宽怀，还因为受过高等教育，遇到和人交往谈判时，常常阐释时事说情论理，头头是道句句在理；三则以他镇长和一利厂厂长的身份，一般人谁也不敢不讨个好去。所以那时无论黑白两道，凡是碰上点棘手事儿，都会想着法儿地找刘治雄商量帮忙。刘治雄古道热肠，刘府便经常人来人往，刘家的门槛在快速磨损中。

刘鹏自小在这样的环境中耳濡目染，跟着大哥和母亲迎送客人，看着那些客人对父亲的尊重和感激，小小的他心里充满了骄傲和对父亲的敬仰，成为父亲那样受人尊重的人便是他对未来的愿望。

从世家大族成长起来的刘鹏，一向认为世间之事自然如此，多年以后他有了自己的地位和威望，家中便经常高朋满座笑语不断。但凡有人求到门下，宅心仁厚的他总不好意思推托，必想法帮忙解决，日子久了，人家知道他好说话且人脉广，便有七回八转想尽方法托到他面前来的。刘家时时门庭若市。

童年记忆在刘鹏的一生中烙下了很多心灵印记，月晕而风、础润而雨，此后他的为人处世之轨，很多时候与其父刘治雄如出一辙，真应了那句老话：虎父无犬子。

图书管理员

17 岁，在现在这个年代还是一个高中生，有的人还由父母接送上学。可在 1956 年，17 岁的孩子那就是一个劳动力。刘鹏就是这样，严格说来，那会儿的他刚高中毕业还没满 17 岁呢，却要担负起生活的重任。

那时候的刘家，生活极其拮据，父亲刘治雄因 1949 年前参与为保路桥平安而筹银事件被判刑，此时尚在服刑期间，大哥青然与大姐均在外，无法照顾家里。作为次子的刘鹏自然承担起了家里顶梁柱的角色。高中毕业之后，刘鹏辗转托了关系，来到路桥图书馆当临时工。

此时的刘鹏，心情是非常压抑的，因为家庭成分而不能上大学的缘故，这个好学懂事的少年对未来的理想和道路感到非常迷茫，甚至有放弃的念头。所以当他走进东岳庙边上所谓的路桥图书馆，看到一幅衰败景象的时候，眉头就不由得紧紧皱了起来。

此时的路桥图书馆，虽然是一个区级图书馆，但缺乏管理，也没有其他工作人员，几乎处于荒废状态。好在其中的书籍还不少。刘鹏四处梭巡着，所到之处但见一排排的书架上陈列着各种类型的书，有农业、科技、医学、纺织等科普类的，也有中外思想哲学类的，还有小说、育儿、民俗、谚语等通俗类的书，但无一幸免都覆盖着厚厚一层灰尘。

一路看去，时不时有蟑螂快速蹿过，或者有蛾子被惊起，扑腾起些许的灰尘绕着圈儿飞，角落里还有些或大或小的蜘蛛网，那些蜘蛛或在网上闲庭信步、或牵了根蛛丝荡秋千，世事变幻于它们来说都是无稽之谈。刘鹏苦笑了一下，世间万物都是此消彼长的，没有了静坐读书的气息，自有这些生物自得其乐。

慢腾腾走着看着，刘鹏突然眼睛一亮，疾走几步上前蹲下。他在一个书架的最下层看到了一本《化学补充教材》，这是1960年人民教育出版社出版的大32开的版本，刘鹏如获至宝，本来无精打采的状态立马三百六十度大转弯，他热切地在书架上翻看着。找到了《有机化学》《化工产品实用手册》《化学哲学新体系》等，他小心翼翼地将这些书放在一起，然后直起身来，绽开了自出校门以来的第一个笑容。

接下来的几天，刘鹏便忙碌起来，每天高挽着袖子，先把蟑螂蛛网等清扫了一遍，再拿鸡毛掸子除去那些蒙得厚厚的灰尘，然后再用抹布擦，接着整理书籍，将书分类码好，排得整整齐齐的。几天下来，图书馆的里里外外被他打扫得干干净净，有了几分斯文之地的模样。

这之后，凡是从东岳庙边上走过的人，经常会伸长脖子朝图书馆里看看，有几个老太太会忍不住念叨："现在还有这么用功看书的人啊，刘家就是不一样，要不老话说呢，龙生龙、凤生凤、老鼠儿子会打洞，人家读书人生的就是读书的种，哪怕不上学也照样读书，这孩子啊，以后会有出息的！"

从此，老旧但干净整洁的路桥图书馆里面，总有一个神采奕奕的少年，每天洒扫整理好房间书籍之后，便埋头于各种书本之中，如鱼得水，经常废寝忘食，成了大家笑谈中的一个另类。

但也是这个图书馆，成了刘鹏休养生息的好地方，他孜孜不倦地吸收了大量的知识，等1957年其父刘治雄提前释放回家时，他已经不再是那个青涩的、懵懂的失学少年，而成了一个睿智、聪慧、踏实且有担当、有想法的青年。

看着久违的父亲，看着那张饱经沧桑但依然淡定温和的脸，刘鹏忍住了将夺眶而出的泪水，轻声说："爸，你教我吧，我想继续读书。"

当图书管理员的日子让刘鹏受伤的心灵得到了极大治愈，从而养成了独立思考的能力，因为他的阅读面不仅仅局限于化学，在其他领域也均有涉猎，这为他以后在经商、管理、从政等方面打下了理论基础。当然最有用的，就是专业知识的补充。加上父亲刘治雄的悉心培养，刘鹏迅速进入科研状态。

1958年，党中央提出"大办地方工业"的口号，刘鹏进入新办的路桥化工厂，之前打下的扎实的理论基础得到了实践的机会。他上山下水寻找各种有用的天然制药植物原材料，并夜以继日地进行各种提炼，未久，他的科研成果"水冷浸法提取黄连素"在制药界引起关注并迅速得到了同行的认同。

一时间，刘鹏成为制药业和化工行业的一颗新星，没多久，他又成功进行了"薯蓣皂素"的提取，这是甾体激素生产的原料，在当时为紧缺产品。

不浪费生命中的大好时光，年轻的刘鹏在四顾茫茫之时，不放弃自己的理想和信念，逆境中抓住机会，借助各种载体不断充实自己，最终取得令人侧目的成绩。

这正应验了那句话——成功是留给有准备的人。

初为人师

"娃妹儿头——娃妹儿头——"童稚的声音穿破热浪滚滚的田埂，直直地传到荷叶田田的池塘上。一个七八岁的胖男孩从田埂上向池塘跑来，不远处跟着一个十二三岁的清秀而瘦弱的女孩。

一片倒立的荷叶向池塘边荡过来，两条黑得发亮的手臂抓住岸边向池塘里歪斜的柳树枝条，随后，露出个青棱棱的脑袋来，一双贼溜溜的眼睛半眯着，看着不远处跑来的那个七八岁的大脑袋男孩，龇着牙假装恶狠狠地叫道："王小虎，你也敢这么叫我？以后我再也不给你弹珠玩了。"

"娃妹儿头——咯咯咯——娃妹儿头——"王小虎一点自觉都没有，反而变本加厉地叫了两句，"你不给我弹珠玩，我就告诉姑妈说你欺负我，哼哼——谁叫你爸给你起了娃妹这名字，像我爸给我起的名字多好，小虎，我就是小——老——虎。"说着，王小虎举起胖乎乎的小手放在嘴巴前做个"啊——呜"的鬼脸。

"王小虎——"娃妹从水里窜了出来，浑身水淋淋地向王小虎扑去，王小虎吓得转头就跑，但哪里跑得过比他高了两个头多的对手，没几步就被娃妹给逮住，王小虎只感觉脖子一紧，还没转头就嚎得惊天动地："小玲姐，表哥打我——"

娃妹身上就一条小短裤，还是湿透的，他乍一看到王小虎后面居然还有个小玲，便立马转过身去跑到池塘边的另一棵大树后，捡起地上的裤子穿上，还不忘教训王小虎："现在知道我是你的表哥啦！你这小子，告诉你多少遍了，我是你表哥，是自己人，不能叫得这么难听。"

"可是，表哥，为什么姑父给你起这么个名字呢？"

"唉——"娃妹长长地叹了口气，看着头上热辣辣的太阳，咕哝道："他连自己的名字都写不来，还能给我起出什么好名字？"

刚走到的女孩笑着劝道："哥，你就知足吧，幸亏狗子、狗蛋、猫儿这些名字都已经有人叫了，比起来你这名字还算是好听的了。"

娃妹一瞪眼说："你是拉水不损腰，我一个细佬头叫这名字，你还叫我知足？"

"那怎么办？总不能叫爸再给你起个名字吧？"

娃妹皱起眉咧着嘴搔了搔头皮说："叫他起，还是算了吧，以后我找个有本事的人重新给我起个名字，比王小虎的还要好听。"

小玲抿嘴一笑，拉起王小虎的手说："哥，我们回家吧，你学校的张老师来了，爸叫你回去呢。"

娃妹的脸顿时暗了下来，问道："张老师来干吗？"

小玲一边走一边说："张老师是叫你回去上学的。"

"他上次不是说他是党员，要去搞什么肃反，不能教书了。学校的老师也没剩下几个了，叫我们学生都回去吗？"娃妹蔫蔫地跟着，随手扯掉路边的一捧野草籽，拿在手里一甩一甩的。

"表哥，"王小虎赶紧抢着说，"我知道我知道，那个张老师还带了一个人，穿白衬衫的，他教你。"

娃妹眼前一亮："真的吗？"

"真的，骗你是小狗。"王小虎仰起脸，跟着"汪汪"叫了两下。

"你傻呀，倒先叫上了。"小玲拍了下小表弟圆溜溜的脑袋，接着说，"是有个人和张老师一起来的，衬衫雪白雪白的——"小玲的眼睛亮晶晶的。

显然在 1957 年的这个夏天，位于黄岩区新前公社的这个叫屿下村的小地方，在村民温饱都没解决的情况下，穿着雪白的白衬衫无疑是让人肃然起敬的，特别是在小玲这样的女孩子心里。

娃妹瞬间露出笑来，但随即垂下眼帘闷声道："张老师说我读书差，上学期就说让我退学，反正我考不上初中的，阿爸也说不让我念书了。"

"那个穿白衬衫的老师和姑父说了，"王小虎高声嚷着，"他说先让表哥你回去念书试试，如果实在念不好，也把那个证拿了，姑父答应了呢。"

"什么证拿了？"

王小虎这下说不来了，拉拉小玲的手示意她说，小玲道："是小学毕业证书。"

娃妹眉眼都笑了开来，结结巴巴地问："那——那个白衬衫，那个老师，他叫什么名字？"

"好像是姓刘，名字也很好听，叫刘朋。"

"刘——朋——"娃妹念叨了一句："朋友的朋，两个字的名字，真好听，哎，我先回家了，你们俩怎么走得这么慢？"说着一手拨开两个弟妹，跳到他们前面的田埂上，撒腿往家里跑去。

穿过路廊，左边第三间老屋就是自己的家了，小玲擦了擦额头的汗走过去，却被横出来的一只手给拽了回来，她"啊"的一声，奇怪地看着眼前的娃妹问："哥，你不是说你早点回来见刘老师的吗？怎么还在这里？"

"小虎呢？"

"三星头家母猪生小猪了，刚才走到三星头家门口，他跑猪栏去看小猪，就拉不回了。"

"我……"娃妹扭捏了一下，指了指自己黝黑发亮的光赤的上身，又指了指还半湿着的裤子说，"小玲，你偷偷回家帮我拿件衣裳裤子出来，我换一下再去见刘老师。"

"那，再给你带双鞋吧。"小玲指了指娃妹的赤脚，脚指甲显然好久没剪了，指甲缝里全是黑乎乎的污垢。

娃妹红着脸点了点头，心想幸亏王小虎没跟来，要不然被他一嚷，肯定要出丑。

老房子低而暗，泥地上透出一股阴凉的气息，前后门开着，有穿堂风吹过，倒显得比外面凉爽很多。堂屋正中的八仙桌旁，娃妹的爸正陪着两个男子，他是个老实人，打从老师一进门起就把该说的话都说了，此刻除了一个劲儿地叫老师喝水外，便是讷讷地不知所措。

娃妹拉了拉身上的背心和半长的裤子，抹抹头上的汗，走进堂屋冲着坐在右边穿灰色汗衫的中年男子叫了声张老师，眼睛便黏在坐在一边的白衬衫的年轻男子身上，这便是小玲口中的刘老师了。

刘老师很年轻，腰背笔直，眼睛不大但亮晶晶的，看着娃妹温和地笑着。娃妹一颗忐忑的心突然就安稳了下来。

"这孩子，也不叫老师好，没礼貌。"娃妹爸拍了一下娃妹的脑袋。

张老师给大家互相介绍了一下，娃妹叫了声"老师好"便乖乖地站到一边。

"这孩子挺精神的，"刘老师笑着说，"娃妹，你愿意来上学吗？"

"我……我成绩不好……"

"只要你愿意学就成……"

娃妹快速地点了点头，张老师哈哈一笑道："这孩子其实挺聪明的，就是有时候脾气要收敛点。"

娃妹低下头，小玲在一边扑闪着眼睛看了看刘老师，鼓起勇气说："其实我哥平时很好的，就是那些人叫他外号……他才生气的……"

　　"哦？！怎么回事？说来听听……"

　　……

　　开学第一天，娃妹和他的同学们才真正认识了这位新老师。他叫刘鹏，鹏是大鹏展翅的鹏，家住黄岩县路桥区十里长街，本来是在一家厂里工作的，因为各地学校的党员老师都被抽调去参加肃反活动，学校无法正常开展教学，所以教育局决定从民间抽调一部分知识分子来临时代课。刘鹏就是这样来到黄岩县新前公社屿下中心小学当六年级的语文老师的。

　　新老师的到来让好些像娃妹这样的孩子有了重新上学的机会。

　　六年级的教室里，正在上语文课。平时乱糟糟的课堂此刻呈现出一片生机，刘老师正在给大家讲"韦编三绝"的故事。他温和而有磁性的声音就如清风穿过树林，燥热和烦暑渐渐远去，只余下一双双专注的无邪的眼睛，跟着那个雪白的身影在知识的海洋里游弋，一个个有趣的成语如鲜活的鱼儿从历史的长河里翻腾跃起……伴着一阵阵的赞叹和欢笑声。

　　1958 年秋天，初中校园的旗帜下，一个皮肤黝黑、眼神明净、身穿雪白衬衫、站得笔挺的少年用清朗的声音正在演讲："大家好！我叫金智仁，智慧的智、仁义的仁，我的名字是我的老师起的，意思是充满智慧、富有爱心，我希望以后有不断学习的机会，通过自己的努力，长大后能成为老师心目中有用的人才，为祖国为人民贡献自己的力量。"

"家里蹲大学"

有一首歌是这么唱的：十七岁那年的雨季，我们有共同的期许，也曾经紧紧拥抱在一起……

1956 年夏天，十七岁的刘鹏和他的同学兼好友郏声容、刘唐春等紧紧拥抱在一起……哭了个稀里哗啦……

什么样的心情？什么样的哭泣？

大学没得上啦……十七岁的刘鹏哭得撕心裂肺。

虽然家里经历了不少变故，但在路桥这旮旯，刘治雄是辛亥革命后的实业家、受聘光华大学的教授，正儿八经的儒商啊！

"我爸是刘治雄。"这句话在刘鹏小学时候代表着他是一个官二代和富二代，可到了中学时代，就不一样了。那段日子是刘鹏不想去回首的时段。

时间得从 1951 年说起，那刚好是黄岩县开始土地革命之年。刘治雄因为家业颇丰，被评为地主成分，刘家的孩子自然也矮人一头了。

屋漏偏逢连夜雨，那一年，有人翻出刘治雄在 1949 年前当路桥镇镇长时所做的一些事，头上戴着盘剥百姓和资敌的罪名，刘治雄百口莫辩，被枉判为有罪，送乔司农场劳动改造七年。刘家由此进入严寒之期，直到 1957 年刘治雄劳改结束回家。政治斗争中被小人利用而牺牲的例子数不胜数，心里明白的人都知道：刘治雄是冤枉的，所以才提前被释放了。

即使如此，刘鹏那时候也算是小鲜肉一枚，学习刻苦成绩斐然，本来凭着家世、基因、成绩，是可以直接列入名牌大学提前批录取名单的，可横地里刮出一阵风来，将这好事儿直接刮得子虚乌有了。

风的名字叫"整风"，风力达十二级以上，破坏力远超历年来台州所经历的任何一场台风。

1956 年，整风"反右"运动骤起，一夜之间，风起云涌。还没等人们辨别出风向来，右派鉴定中心"反右工作组"已经给整个黄岩县二百多号以知识分子为主的人，戴上了"右派"的帽子。这些人被发配到劳动人民中间接受劳动教育，本来动脑动嘴皮子的活儿改成了劳筋骨饿体肤的活儿。

王老师在路桥中学任教几十年了，这位在讲台上习惯了飞洒唾沫吃粉笔灰、回家后趴案头改作业的老教师，突然稀里糊涂地被赶到田地里，拿惯了笔杆子的纤细手指抓着一把锄头，颤颤巍巍地一下一下和坚硬的土地死磕。

在气喘如牛、挥汗如雨之际，王老师百思不得其解：难道粉笔灰吃多了会患老年痴呆症？难道挥锄头是为了排出毒气保持健康？现在领导体恤我让我多劳动，是为了预防这病来着？

还没等他想明白，不远处"轰"的一下火光乍现。被打断了思路的王老师半天才搞明白：原来是一位同时下放的老教师自焚了。

惊闻此事的王老师面无人色，赶紧多挥几下锄头，心想：妈呀！这病可不轻啊！赶紧治疗……赶紧治疗……

就这样，他坚持了一个上午，在田头草草吃过午饭后，又拿起锄头。但是半个小时不到，王老师便觉得胸口发闷。午饭在胃里倒腾着，他大喘气了几下不见缓解，一手捂着肚子，另一手的动作也慢了下来。在同一块田里劳作的老陈发现异常，赶过来一看，王老师面色发青、浑身冒汗，用手一摸，体温较低，老陈心说不好，便劝王老师去歇一会儿。

王老师嗫嚅着："生产队是派老陈你看着我的，我去歇了，万一他们找你麻烦……不好吧？"

老陈哈了一下手，在王老师人中捏几下，又用肮脏的袖子擦了几下王老师额头流下的汗水，梗着脖子说："都什么时候了，还顾得着这个？王老师，瞧你这副样子，半条命都快没了，你先顾着自个儿吧！再说了，我不怕那帮人，我怕什么？我们家世代贫农根正苗红，哪个孙子敢说我我就和他干，难不成让我眼睁睁地看着你这个拿笔杆子的秀才做死在地里不成？听我的，你去歇会儿，今天这地里的活儿我一个人包了。"

王老师转头四周看了看，这会儿下地的人也不多，"反右工作组"的人也没在，估计是处理上午自焚的事去了，他便小心翼翼地放下手中的锄头，趔趔趄趄地向不远处一户人家走去，那是他同校的另一位老师家，姓金。

他不敢回家，去老金家歇会儿弄碗水喝也好，如果"反右工作组"的人来了，就可以马上回到地里，借口说自己上厕所去了，免得连累了老陈，顺便也好找老金说说话，上午的事心里憋得慌啊……

门开着，却没声响，王老师喊了声："老金，金老师你在吗？"没人回答。因是经常串门的老朋友了，王老师摸了摸胸口就熟门熟路地进了灶间，在灶头取了碗，从水缸里舀了一碗水便咕咚咕咚地喝了起来。沁凉的水灌到肚子里，顿时感觉舒爽了些，便端着碗找人，他有满肚子的话要找老朋友说。

一阵风刮来，里间半掩的门边闪过一道身影，王老师纳闷地走过去。"咋不应我的话呢？"他边说边推开半掩的门，只看了一眼，便觉得后背倏地一紧，好似有一只手将他的魂魄从身体里抽了去似的，他不可自抑地发抖起来，端着碗的手颤动得厉害，没喝完的水泻下来，倒在裤子上，他浑然不觉。

老金……上吊自杀了。

第二天，王老师没有再到地里干活，有人说，他疯了。

类似的悲剧层出不穷，那阵子，人人自危……

在这种环境下，刘鹏的两个姐姐，一个在宝岛台湾，一个在美利坚合众国……

整风运动是一次非常严肃惨烈的运动，对所有的无产阶级大学生都需要进行严格的政审，刘鹏的姐姐们非但不在无产阶级之列，而且身处在如此敌对的地方，刘鹏上大学的资格也就因此被取消了！

十七岁那年的雨季，成了刘鹏这辈子的遗憾，每每念起，总是心头生痛。无奈的刘鹏为谋生计，去路桥图书馆当了一个临时工。

幸亏，1957年父亲刘治雄回家了，"家里蹲大学"开始运行。

校长：刘治雄。

教导主任：刘治雄。

任课教授：刘治雄。

助教：煤油灯。

授课时间：工作之余。

学生：刘鹏。

授课资料：刘治雄在光华大学化工系就读时所用的各种书籍，加上刘治雄脑子里自带的知识。

配套设施：自建的化学实验室。

没有整洁的图书馆、热闹的体育场、诱人的食堂、漂亮的女同学……唯有窗外飘落的黄叶、刮过的西北风、飞过的燕子，以及一次次或失败或成功的实验。当然，最令人兴奋的，是父亲刘治雄嘴里说出的两个字："很好！"

刻苦、刻苦、再刻苦……在无数个夜晚，一天疲累的工作之余。

实验室就如同一个被魔杖点过的地方，一进门，刘鹏就会满血复活，生龙活虎。

此后，该大学唯一的毕业生成了路桥的商业奇才，还当上了大学教授。

不得不佩服基因的强大力量！

当从"家里蹲大学"毕业的时候，刘鹏一脸郁闷地问："刘老师，我的毕业证书呢？"

刘治雄摘下做实验的手套，慢悠悠地说："知识决定学历，证书自在心中。"

"居里先生"

　　在台州那么多的实业家里，刘鹏之所以与众不同，是因为他是一个科研型人才。这和他父亲刘治雄的影响是分不开的。

　　刘老先生一辈子和化学结下了不解之缘，刘鹏自小在父亲的影响下，对各种各样的稀奇古怪的化学物品很感兴趣。他一开始是好奇，父亲实验室里那些散发各种气味的物质，各种形状的仪器，大大小小的管道等，彰显着自己的家与别人家的不同。那个安静、冰冷的房间在他小小的心灵里，生长出不可分割的自豪感和神秘感，更重要的是，他总感觉自己承载着一种特殊使命，这种使命感最终让他甘于寂寞、甘于低调，也甘于失败。

　　都说失败是成功之母。自高中毕业后，无法上大学的低落情绪几乎控制了刘鹏的心灵，可现实又由不得他呐喊和抗争，他只有钻进实验室，对着那些棕色的、透明的、半透明的、橡胶的、木头的器皿，对着那些直的、弯的、圆的、扁的管道，对着那些液体、气体，没日没夜地摆弄，看着它们互相融合、互相转化、互相影响，他感觉自己就如魔法师般，能主宰自己的天地，这让他更加沉迷其中。他一边贪婪地啃着父亲留下的书籍，一边思考着怎么做出自己想要的东西。

　　刘治雄是一个宽容而有耐心的老师，有一天，他问刘鹏："做实验好玩吧？"

　　"好玩。"刘鹏笑着回答，可眼神却毫无来由地黯淡下去。

　　刘治雄看在眼里，心里阵阵痛着，他知道刘鹏还没有从失学的阴影里走出来，眼前最好的办法就是让他找到新的目标，于是他再问："吃美食好玩，看戏也好玩，做游戏也好玩，那么你觉得做实验的好玩和这些好玩比，有什么不一样吗？"

刘鹏看着父亲，期期艾艾地答："做实验就是……就是能做不一样的东西出来，就是……"他的眼睛顿时亮了起来，"就是能制造新的东西。"

刘治雄笑着点了点头说："鹏儿，你要知道，创新和制造才是实验的结果，而把这个结果用来造福人类就是实验的目的，你懂了吗？"

刘治雄盯着儿子的眼睛，那眼睛里有跳跃的火苗，沉默了几秒，他又开口说："但是你要知道，实验的过程是寂寞的、痛苦的、漫长的，因为你要面对一个强大的敌人，它的名字叫失败。这是实验的必经之路，没有哪个人能绕开它。"

刘治雄用居里夫人的事迹来启迪儿子。居里夫人曾经连续多年在实验室里，经历了不知道多少次失败，从数吨的沥青铀矿残渣中，反复提炼，反复实践，分离出微量（一分克）的氯化镭，并从中发现了两种新的化学元素：镭和钋。其中镭的放射性比铀还要强百万倍，这一发明为人类社会做出了极其重要的贡献，居里夫人因此获得了诺贝尔奖。

刘鹏当然知道居里夫人的故事，醍醐灌顶般点点头说："爸，我懂了，实验的价值就在于创造价值，为了创造价值，就要不畏失败。失败乃成功之母，相信我，我要学习居里夫人，做'居里先生'，我会有成功的那一天。"

那一刻的刘鹏，有着一种焕然一新的感觉，让暴风雨来得更猛烈些吧！

年方十六的少年吉祥，上完小学后就辍学了，每天除了跟着父亲去田里做点工之外，就想着搂点好吃的、玩点新鲜的、偷看漂亮的小姐姐啥的，可惜条件有限，家无闲钱，而且他一个人也不敢。

以前，邻居刘鹏在念书的时候，刘鹏的娘会给刘鹏准备点吃的，也会有女同学跟刘鹏一起搞个课外活动啥的。吉祥这时候总是特别兴奋，死缠烂打地跟在刘鹏身边，跑前跑后不亦乐乎。

可自从鹏哥不上学后，吉祥的日子就变得沉闷起来，美好生活一去不复返。吉祥曾去找过鹏哥好多次，但鹏哥像是着了魔般就在实验室里不出来。

吉祥搞不懂，那些个气味各异的东西哪有三桥头的梅花糕香？那白的黑的黄的粉末哪有南官河里钓鲤鱼好玩？那模样古怪的瓶瓶罐罐哪有水嫩清秀的女同学好看？

心有不甘的吉祥游说鹏哥无果，只好自己出去玩，不过还会时不时来刘鹏的实验室看看。

"鹏哥，你天天捣鼓这几样东西，不烦吗？"

"烦什么？告诉你，这可有大用场呢。"

"什么用场？"

"用来粘东西的。"

"粘东西？不就和糨糊差不多吗？你早说，我拿我家的糨糊给你，你陪我出去玩一圈。"

"这和糨糊可不一样，你看吧，用糨糊粘纸，刷多了，会不平整，刷少了，又会起开粘不牢。用这个，只要薄薄地刷一层，就会粘得很牢，撕都撕不开，用场可大着呢，这一小瓶抵得上好几瓶糨糊。"

"真的？"

"当然是真的，而且糨糊是用米粉做的，浪费粮食，这东西可不会抢你的口粮。"

"这好东西叫什么来着？"

"这叫胶水。"

"鹏哥，这胶水是你搞出来的啊？你可真有本事！"

"呵呵，以后啊，我做出来的胶水不但能粘纸，还能粘塑料、粘金属、粘木头……不但能粘，还粘得特别牢固，人造卫星都用得着，黏性比普通胶水强一百万倍……"

"鹏哥，你太厉害了！可是你的胶水不是做出来了吗？怎么还钻这屋里不出来呢？"

"去去，我忙着呢。"

"这次你又做什么呢？"

"做洗衣粉。"

"洗衣粉？洗衣服不都用肥皂吗？你做的洗衣粉和肥皂有什么不一样呢？"

"我跟你说，洗衣粉比肥皂可省事儿多了。用肥皂洗衣服的话，得在衣服上抹一遍，经常抹不均匀，抹上了后还得用连槌捶衣服才能洗干净。可用洗衣粉的话，只要在水里倒上一些，搅拌均匀了，把衣服放水里泡一会儿，搓几下就很快能洗干净了。"

"鹏哥，以后这洗衣粉我家也能用上不？我娘洗衣服的时候老说肩膀痛……"

"当然能了，看不出吉祥你小子还挺有孝心的哈！"

"哎，鹏哥，今天这屋里的味道好闻得很啊，你搞什么好吃的东西了？"

"吉祥，你还真说对了，我现在在做香精。"

"我闻着，好像是橘子味儿的，甜中带酸呢。"

"这回一猜就中，说明你吉祥就是个不折不扣的吃货！"

"哈哈……我喝一口，啧啧，鹏哥，这口味儿我喜欢，你送我两瓶好吧？我拿一瓶给阿花喝，保准她高兴……"

"还没做好呢，现在只是口味好，保存实验还没过关呢，等以后做成功了再送你。"

"好吧，那我等着。鹏哥，良一村有你和你爸可真是有福气了，这两年嘿……就指着你这实验室里出去的东西赚钱了，赚了一拨又一拨的，人家都说你和你爸是财神爷呢！"

"你呀！哎……哎……放下放下，这东西可不是喝的。"

"闻着挺香的呀！很好喝的样子……"

"这是防蚊用的，你别乱动，喝了会中毒的。"

"啊……说得挺吓人的……鹏哥，你这头脑是怎么生的，这都想得出来？"

"怎么生的？主要是看老百姓生活当中需要什么啦，需要什么我就做什么呗。"

"那也得有你这本领才行。"

"呵呵，那是因为你光看到我成功的样子……"

成功的样子，就像走在无数次失败铺成的一条路上，路的尽头是希望，突然有一天，不知怎么就到了目的地，然后被幸福袭击。

刘鹏深深地知道，成功是不容易的，只有不断地尝试，不断地总结经验，不断地失败，才能一步一步走近成功。

正是这一次又一次的实验，让刘鹏认识到成功与失败的关系，才造就了他对科学不屈不挠的创新求索精神，造就了他坚韧不拔、坦然面对失败、从容解决问题的处事风格。

成功的秘诀，不外如此。

牛刀小试

王万富用左手中的勺子舀起锅底那褐色的糊糊，再伸出右手食指蘸了点那糊糊，颤抖着靠近自己的鼻子，深深地吸了一口气。一股辛中带辣的刺鼻气味让他禁不住打了个大大的喷嚏，鼻涕水和着满脸的汗水四散喷去，凑在他眼前的三张脸上一下子表情纷呈。

"万富哥，你这算是雨露均沾吗？"脸最大的王万根用脏得不成样子的袖子胡乱擦了一下脸，脸上立刻多了几块灰黑色的痕迹。

"万……万……富哥，这次……这次……到……到底算是成……成……成……"比万富大三岁的叶友顺结结巴巴地问道。

话还没说完，叶友顺的手就被一边的叶友林给拉了一下，叶友林心里明白，这下又没成功。

掩不住的失望在王万富眼底里散了开来，蕴成热辣辣的泪水激得他眼睛生疼，他不禁用手捂住了脸，低下头去……

他们十一个人都是宁溪籍复员转业的战友，祖祖辈辈在这黄岩的山沟里刨食度日，最荣耀的时刻怕就是日本人轰炸黄岩城关，城里人拼命往山里跑，央求山里的亲戚能够收留一下自己的那些日子。

可这会儿侵略者早已夹着尾巴逃跑了，祖国正处在创业创新的阶段，全黄岩撤乡建人民公社，到处是"跑步进入共产主义"的口号。作为社会中坚力量的复员军人，他们满怀着一腔热情，想在这片贫瘠的农村土地上搞出个工厂来，以工业革命带动农村人口就业，为家乡人民打造一片新天地。

当听说樟树里能提取樟脑精，而樟脑精是防虫防蛀的好东西时，复员后转业到地方的王万富站在家门口，看着眼前那绵延不绝的山和山上那成片成片的樟树……这不就是一捆捆的钱吗？如果把这些樟树变成樟脑精的话，那么家乡的父老乡亲就再也不用受穷了，那些水灵灵的姑娘也会争着嫁进这山里了吧！

想法一旦形成就挥之不去。1958年的五一劳动节，一起复员的十二个战友聚在一起吃饭时，王万富喝了点酒，便借着酒劲说出了这个想法。一石激起千层浪，一桌人的眼睛立马亮了起来，大伙儿便推王万富为头，其他人豪气千丈地准备大干一场。

三天后，宁溪牌门村的山上便搭起了两架大炉。大炉的旁边整整齐齐地放着四口大铁锅，铁锅旁边各有一个大小不一的木桶。一张临时用木头制作的桌子上放着一把锡壶和十二个酒杯，正中间是一个红布包，红布包里有一百八十六元钱。

几把生锈的斧头、一把借来的钢锯、一身的力气、一腔的希望，这就是他们所有的家当。

一个星期过去了……牌门村的空气中弥漫着热腾腾的笑声。

一个月过去了……牌门村的七大姑八大姨们开始嘀嘀咕咕。

两个月过去了……牌门村的狗都不敢叫得太大声了。

三个月过去了……牌门村的两个炉子不再往外冒烟了。

天气开始转凉，王万富和几个战友开始分头寻找熟人，打听有没有能帮助他们实现提取樟脑精工艺的人。

一天中午，叶友林在黄岩城关小南门的铺子里听歇脚的货郎和老板在谈话，说起路桥化工厂有个刘治雄，能从橘子皮中提炼出橘子香精，能从玉米芯提取什么糠醛，还能从别的东西中提取其他的产品，所以才让那个刚刚成立的化工厂成为整个黄岩县利润最高的厂。货郎说得津津有味，老板听得惊叹连连："这姓刘的不会是神仙吧？有一双点石成金的手。"

蹲在门口的叶友林一下子坐倒在地上，心跳如鼓点般越敲越急：天啊！这不就是我们要找的救星吗？

看着货郎的身影消失在街口，叶友林擦了擦脖子上的汗，一骨碌从地上爬起，拔腿就跑……

秋分时节，刘治雄在化工厂的办公室里迎来了三位客人：路桥镇镇委办的一位主任、宁溪区委的一位副书记，还有王万富。

听王万富介绍了情况后，刘治雄沉吟道："樟脑精的提炼确实是一项有前景可操作的项目，但我们化工厂正处在发展时期，目前我们还有两个产品正在开发，我脱不开身去你们那儿帮忙……"

王万富的脸一下子像冻住了一般，他不知道此时自己是什么表情，只知道有千百个理由急着要说出来，例如：叶友顺的老娘腿摔瘸了都不去治，他把钱全给了他们的厂；王万根家的房子塌了半边连猪都不肯住了，他却依然把钱投进了厂里……

可人家这好几百人的化工厂，都指着刘教授的产品盈利呢，自己那十几个人的小厂，不，连厂都算不上，有什么理由能请到刘教授这样的大神来呢？

希望像肥皂泡般破裂……

"爸，提取柏木油的高压罐需要调整一下了……"一个略带磁性的声音飘进了办公室。

王万富抬头一看，门口走进一位精干的年轻人，高鼻薄唇皮肤白皙，一举一动干净利落。

"阿鹏，你来得正好……"刘治雄端起桌子上的搪瓷水杯来，笑着说，"有件事，需要你去一下宁溪……"

十八天后。

随着一声欢呼，十几个汉子竟然齐刷刷地泪下。

"哥……哥……万富哥……我……我不是做……做……做梦

吧？真……成啦？鹏……鹏哥……真的……真的成啦？"

"原来要找这种年纪大的樟树，原来这就叫蒸馏，原来需要好几次升华才可以提取的……原来……原来樟脑精这么好闻的……"王万富口中念念有词。

叶友林几个捧着那些白色的粉末丸子，舍不得放下。

回过神来的王万富将含笑站在炉子旁边的刘鹏拉过来按在长条凳上坐下，接着自己站在凳子前面，恭恭敬敬地行了一个礼："鹏哥，大恩不言谢，从今以后，只要您一句话，我王万富等十二个哥们随您差遣，就是上刀山下火海，我们都不会皱一下眉头的。"

刘鹏赶紧站起身来，还礼道："万富、友林……你们太客气了，这事儿本来就是我喜欢干的，还得谢谢你们相信我给我这个机会呢！接下去的事就简单了……我们再合计合计？"

当金黄嫣红欢快地缀满青翠山野的时候，当香甜的蜜橘走进千家万户的时候，当太阳在西边又一次告别人间的时候……

梳着大辫子的姑娘将晒在院子里的嫁衣收回，仔细折好后放进柜子，接着剥开一张白纸，将里面那颗散发着香气的樟脑丸仔细地安置在柜子角落里。

她好看的唇角漾起一丝笑容，深深地闻了闻空气中的香味说："这就不怕被虫子咬坏了呢，穿上的那天，会很漂亮很香的吧……"

饥荒中萌出的使命感

1959 年至 1961 年，是我国近代发生大饥荒的年份。

没有被饥饿折磨过的人是永远无法想象那种场景的，就如没经历恐惧的人不知道面对恐惧时人无法随便昏厥过去。哪怕电视电影上这样的场景很常见。

那时，虽然刘治雄和刘鹏都是黄岩县化工行业凤毛麟角的人才，获得的待遇要高出一般水平，但在粮食匮乏的年代，刘家还是不可避免地落入了穷困的境地。我们的主角刘鹏便亲身经历了那个年代的可怕和狰狞。

一天，刘鹏没吃中饭，傍晚下班后在回家的路上，他边啃馒头边想上午未完成的一种香精的配方。突然，只觉得身形一滞，他左右看了看，原来身边一个七八岁的男孩子正在拉自己的衣服。

这孩子浑身上下黑乎乎的，头发乱草似的，也看不出具体的相貌，只一双大眼睛盯着刘鹏手中的馒头，射出饿狼一般的光来。他见刘鹏拿着馒头的手垂了下来，咽咽唾沫，冷不丁地伸手一把抢过馒头，转身便跑，一拐弯进了前面的弄堂。刘鹏回过神来，赶紧追了过去。

穿过弄堂，又转过一条小巷，终于在一堵围墙下抓住了那个黑乎乎的孩子。那孩子惊恐地看着刘鹏，但却依旧紧紧地抓着馒头不放。

刘鹏抓着男孩的肩，但觉入手骨瘦如柴，显然这孩子是饿得狠了，要不然也不会出手抢大人的食物。他心下恻然，便问："你很饿？"孩子点点头。

"你如果饿了没东西吃，可以向我要，我同意的话，你就能吃，但是你不能抢，知道吗？"

孩子依旧看着刘鹏，没有说话也不点头，只是紧张地将馒头往身后藏了藏。

显然对男孩来说，馒头的重要性已经远远超越了听刘鹏讲道理。刘鹏一下子不知道怎么才好，便松开孩子柔声说："那你先吃馒头吧，等你吃了我再和你说。"

男孩盯着刘鹏，将抓着馒头的手轻轻往前伸了一下，见刘鹏没动，他便又立即缩了回去，接着又伸了出来。刘鹏见他浑身紧张的样子，知道他是在试探自己，便也站着不动。

孩子终于确定手中的馒头不会有危险了。他低头看看馒头，却没有递到自己的嘴边，只是将眼睛向旁边看去，脚步慢慢后退。

刘鹏的肚子"咕噜"叫了一声，他也饿了。他叹了一口气，问道："你的父母呢？"

男孩复抬眸看了一眼刘鹏，突然转身向一座路廊跑去，刘鹏觉得这男孩太没教养了，但又狠不下心来教训他，无奈之下，跟着跑了几步，可当他看到路廊里的情景，不禁止住了脚。

暮色渐起，暗淡的光线里，只见一个肚大如鼓、衣衫褴褛、头发花白的老妇人倚着路廊的柱子半躺在地上，男孩正跪在老妇人的旁边，把馒头往老妇人的嘴里送去。那张黑乎乎的脸上满是焦急的神态，嘴里叫着："奶奶，奶奶，吃馒头了……奶奶吃馒头……吃馒头……吃了馒头奶奶的病就好了……"

21岁的刘鹏，看着眼前的一幕，眼泪直冲眼底。他知道当下有很多人处在饥饿当中，也听说过有人饿得去吃观音土，眼前的老妇人恐怕就是因为吃了观音土而到如此地步的。观音土是一种富含矿物质的黏土，常用来烧制瓷器，吃了后可消除人的饥饿感，但难以被人体消化吸收以及排出，会积在腹内而形成巨腹。很多人因此而丧命。

那老妇人半睁着眼睛，不肯张口吃馒头，费力地抬起手将男孩的手推回去，一双浑浊的眼睛直直地盯着男孩，干裂的嘴唇一翕一合但发不出声音来。男孩知道她是想让男孩自己吃，便流着泪将馒头塞进自己的口中。馒头香甜的气息一下子打开了他尘封已久的味蕾，他来不及咀嚼便迫不及待地吞了下去……

刘鹏吸了吸鼻子，正打算悄悄转身回去的时候，却见那男孩两眼一翻，脖子拼命往上伸，一只手还在胸口捶了几下，显然是因为吃得太急而噎住了……

刘鹏赶忙跑上前在那男孩背上拍了几下。男孩见是他，心里大为着急，便挣扎起来，脖子上的青筋绷得厉害。躺在地上的老妇人手紧紧地拽着男孩的脚，喉头发出"咝咝"的声音，眼中满是悲痛的泪水。

刘鹏对男孩又是捶背又是抚胸，总算是将男孩喉头堵着的那口馒头给弄下去了，看着孩子大口大口地喘着气，神态也恢复过来后，刘鹏才止住手。他叹了一口气，说："你慢慢吃，等我一下。"他快速跑到最近的人家讨了一碗水，回到路廊送给男孩和他奶奶后便离开了。

其实他很想好好帮帮这祖孙俩，但他知道，自己家里也快揭不开锅了。家里的那点口粮都不够自家六七口人度日的，更不用说送给别人了。

那天晚上，父亲刘治雄听完刘鹏所述，父子相对默然半晌后，不约而同地起身做事，一直到凌晨，都没歇过一会儿。

第二天，刘鹏因为要去一个村里联系材料，所以中饭准备回家吃。太阳温和，他两手揣在裤兜里慢悠悠地走着，眼角看到一个熟悉的身影，便停了下来。

临近中午的菜市场几乎没有什么买家，只角落里有两个卖番薯丝的农民，估计是黄岩宁溪那边山上来的，因路远不方便回家吃饭，固守着身前的一点未卖完的货在打瞌睡。

番薯土豆等因为对生长土壤要求不高，不会因为自然灾害减产太多，所以山里人挨饿的反而不多，思路活络点的农民便会将家里剩余的番薯丝、土豆、绿豆面等挑到黄岩城关或者路桥等地方来卖，这两个半老头子就是这样的薯农。

那熟悉的身影显然是一个女人，衣着宽松，步伐优雅从容，虽然在菜市场里，却犹如在大商场里漫步。刘鹏一眼就认出那是自己的母亲。

刘鹏外公是民国时期的一位少将旅长，家境富裕，家教严格，刘鹏母亲一出生便是金枝玉叶般地养着，嫁给刘治雄后，相夫教子大气沉稳，持家行事没丝毫偏颇而落人话柄，刘家上下众口交赞。

这个时候，母亲到菜市场干什么？刘鹏不禁好奇起来。

只见刘母前后左右交错走了几步，眼睛向四周瞅了瞅，见四周无人注意她，便走到其中一个薯农面前，俯下身去，伸手从怀里掏出一个手绢包来，和那薯农低声说了几句。薯农一开始露出疑虑的神情，但看到刘母打开手绢拿出一个精致的金戒指后，便两眼放光，手也不禁抖了起来，过了几秒，他快速地将面前篓子里的番薯丝倒进刘母带来的布袋里，跟着瞄了瞄刘母的脸，一把夺过那个金戒指揣进裤腰里，用手紧紧地捂住。

刘母提着袋子站起身来，不舍地看了看空空的手绢，嘴角露出一丝笑容来……

刘鹏的眼泪一下子涌了出来，原来这段时间家里吃的口粮竟是母亲这般换回来的。父亲是个研究狂，家里琐碎的事情一概是由母亲操持的，好顾名声的母亲怕他们兄弟担心，竟是只字不提自家的困难，兀自艰难地支撑着全家的吃穿。

他的步子不由自主地往前走去，他想要阻止母亲的行为，揣在兜里的手也不自觉地抽了出来……"叮"的一声，裤兜翻了出来，一个2分钱的钢镚掉在石板地上发出清脆的声音，一下子把刘鹏的脚步给钉住了。

他垂头摸了摸两个裤袋，又摸了摸两个上衣口袋，空空如也……除了地上那个钢镚。

呆呆地看着，泪眼模糊中，母亲已踩着轻快的步履渐渐走远……

良久，刘鹏拭了拭眼睛，转身艰难地向家里走去，他脑子中不停地想：国难、家难，已经刻不容缓了，我是个成人了，不能光为了自己的喜好而活着，还得为了自己的家国而奋斗努力才是。

这一刻，对刘鹏来说，生存，已不单单是活着的概念了，而是责任和担当；工作，不单单是让自己和家人摆脱贫困，而是带着更多的人走向富强和幸福的途径。饥饿中萌出的使命感，让刘鹏此后的奋斗目标有了很大的调整。

个人致富和带领大家一起致富是他除了科研学习之外的一大目标，也是造就他成为"儒商"的因素之一。

金钱美女敌不过乡土情结

1961 年，上海某家著名制药厂举办产品展销会。

会议的议程安排得满满的。

上午是产品推介会。展会现场热闹非凡，来自全国各地的厂家和专业人士从者云集，那时候条件不好，旅途劳累，所以与会者大部分是挎着深色公文包、穿着皱巴巴的中山装、一脸辛苦沧桑、操着南腔北调的中年人。寥寥几个精英才俊穿梭其中，便成了大会的亮点。

人群中，有两双眼睛不约而同地盯在了一个身影上，那身影是个年轻人，但见他一丝不乱的头发、雪白的衬衫、笔挺的中山装、锃亮的皮鞋，加上挺拔的身材、炯炯有神的目光、得体的谈吐、渊博的专业知识……

他认真但轻松自如地和来自全国各地的业内人士进行交流沟通，自信的笑声和眼神说明了他胸中自有丘壑。主动和他交流的人也渐渐多了起来。

两双眼睛的主人分别是五十余岁气度不凡的中年人和丰姿秀丽的青衣少女。中年人看了看少女兀自黏在年轻人身上的眼神，招手叫了一个人过来，耳语道："去打听打听那个年轻人的底细，越详细越好。"

未几，一张素笺摊在中年人的手中：刘鹏，浙江台州黄岩县香料厂的技术员兼营销员，真正身份相当于少掌门，系出名门，有真才实学，为人口碑好。

中年人微微颔首，他再次看了看在人群中游刃有余的刘鹏，低声说了八个字："谦谦君子，温润如玉。"身边的少女闻声转过脸来，中年人宠溺般的眼神落在她的身上，将手中的素笺递了过去。

少女伸出纤纤玉指接过素笺，快速看了一眼，嘴角上扬，但随即眼神中透出凝重的神色，转身向一侧的通道走去……

一个多小时后，展会三楼，一个三十多岁的妇女和一个二十来岁的青年一起走出办公室，带上门的那一刻，两人相顾一笑，神态中尽是喜色。

办公室内，青衣少女站在窗前，看着远处湛蓝的天空。不远处的亭台下流水潺潺，小桥边翠竹修长，风起，有燕子双双掠过……

青衣少女眉黛青青、长发垂肩，晶莹的手指甲轻轻滑过窗玻璃，口中低吟："瞻彼淇奥，绿竹猗猗。有匪君子，如切如磋，如琢如磨……宽兮绰兮，猗重较兮。善戏谑兮，不为虐兮……"

蓦然间，她意识到手指在窗上写的竟是一个"鹏"字，不禁轻云上脸，噗的一声笑了出来……

展销会下午的安排是参观制药厂。在一个车间门口，站着一个面庞秀丽、身材纤秾合度的青衣少女，她自我介绍姓赵，是这家药厂的技术员，此次负责带领客人参观制药车间。

人群中有好几个人发出惊叹声，接着便有人窃窃私语起来。

"这位怎么今天亲自出来了？"

"这是谁呀？长得挺漂亮啊，可年纪这么轻，能有多少成就，怎么让老哥你如此惊叹？"

"大兄弟你不知道了吧？这位可是赵厂长的掌上明珠，听闻甚是聪明伶俐，上得厅堂又入得厨房，还写得一手好字。老赵夫妻俩是放在心尖上疼的，平常都是捂着藏着，舍不得放出来给大家看的，怕被哪个坏小子给拐走了呢。"

"哈哈……那今儿这样堂而皇之地放出来，是不是有喜事呀？"

"今儿是咱这行业的盛会，来的都是顶尖儿的人才，老赵的百万家产当然要找个接班人了，还有比今天更好的机会吗？"

"哦！我明白了，估计老赵要在这其中选女婿了，赵小姐怕老父乱点鸳鸯谱，就亲自抛绣球来了。"

"可惜咱哥俩没这机会咯，家里的黄脸婆都带两娃了……"

"你倒想得美。"

旁边两个年轻人听到对话，两对眼珠子都快发绿了……直直地盯着青衣少女，若不是大庭广众之下，恐怕早就扑了上去。

青衣少女谈吐大方举止优雅，一双善睐明眸时不时扫向刘鹏。

都说认真的男人最有魅力，瞧他那认真的样子，车间的温湿度、机器的刻度、原料的计量……都好像被他直接刻入脑中似的，时不时还和工人师傅交谈几句。而周边的人，或赞叹恭维，或高谈阔论，像他那样认真观看的寥寥可数。

刘鹏上午、下午的不同表现，真的是各有魅力呢！少女的腮边一阵微热。

"砰砰砰"，敲门声响起，吃完晚餐正欲坐下来整理资料的刘鹏有点纳闷：今晚没约过谁啊？在这大上海，也没有什么朋友。

开门一看，原来是一位在上海经商的黄岩前辈来访，刘鹏赶紧让进房中，斟茶以待。两人寒暄间，说起了刘鹏此次上海之行的目的。

原来今年，黄岩化工厂与路桥化工厂合并为黄岩县香料厂，刘治雄和刘鹏父子俩充分发挥了黄岩橘乡的优势，利用本土特产橘子的皮和叶制造出大量的芳香油和各种香精，同时利用柏树生产出的柏木油与柏木脑更是高精纯度，经检测，其质量超过了当时颇负盛名的上海新华薄荷厂的同类产品。

由于刘氏父子研发的产品质量好、价格低，立刻争得了出口权，父子俩指导生产的食用香精成为全国知名香料之一，而在当时排得上号的香料厂只有八家。

虽然他们香料厂的产品一炮打响，但刘鹏认为自己不能满足于现在的成绩。发展需要拓宽眼界、把住市场脉搏，走出去是必要的，何况还能推广产品销路呢。本着这个出发点，刘鹏来到了上海，凡是在上海商家上架的化工产品他都会细细研究一番，凡是稍有名气的化工厂家他都去一一拜访。

虽然年轻，但人精堆里滚出来的刘鹏当然知道很多交情是要在平时积累的，所以他会时不时地参加一些圈内的活动，适时展现一下自己的实力，参加这个展销会便是其中之一。

前辈满意地点了点头，脸上浮起一副"果然不出所料，孺子可教"的表情，跟着便和蔼可亲地拍了拍刘鹏的肩说："贤侄，今晚我来看你，一则是惦记家乡情况，来向你了解了解，也算叙叙旧；二则呢，有件喜事要知会贤侄。"

刘鹏笑着为前辈续上茶说："您老人家身处繁华之地不忘贫瘠故土，真是令小子大为敬佩，您有什么吩咐尽管说，小子洗耳恭听。"

老前辈眉端飞舞，便起开了一桩猛料。

原来今天参观过的著名制药厂老板，也就是那位中年人，对刘鹏印象非常好。老板姓赵，本是晋商世家，在上海已历有两代，身家万贯。只是夫人怀第一胎时小产，自此后便再无一男半女，眼见膝下冷清百万家资无人继承，不觉时时黯然。有一天夫人到厂里巡视，见一少女在厨房帮忙，一问之下，得悉此女乃是孤儿，被厨房好心的阿姨们收留。此女长得周正讨喜，脸蛋靓、嘴巴甜，手脚勤快、举止端庄，夫人见了怜惜之意大起。于是便叫了老板来，当场认下这女孩为义女。

自此后，此女便入住洋楼，念书识字承欢膝下，老板夫妇视若亲生，爱如掌珠。大凡知道的人心里都清楚，这位幸运的女孩子是要招婿上门的，一则老板夫妇舍不得这好女儿，二则也是为了让家产能更好地被继承。

美女与金钱，自古是男人最大的诱惑。这下，跃跃欲试者有之，毛遂自荐者有之，托人介绍者有之，无奈女孩眼光颇高、老板夫妇的火眼金睛更是毒辣，所以女孩一直待字闺中。

这时，刘鹏出现了。

"今天带你参观的那姑娘就是正主，人家已经看上你了，你小子运气来了真是挡也挡不住啊！我这当叔的就准备喝你们的喜酒啦哈哈哈……"前辈笑呵呵地拍着刘鹏的肩，一双眼笑得都快看不见缝儿了。"刘老爷子一定高兴，想想以后在上海多了赵家这个关系户，还怕生意不红火、日子不升腾吗？"

赵老板心里打得好算盘：刘鹏为人诚挚厚道，敬老爱幼，好学上进，在化工行业有极大的发展前途。若能招他为婿，既解决了无后问题，又为自己辛辛苦苦赚下的百万家产找到了继承人。

天上掉馅饼的故事就这么发生了，金钱、美女巴巴地送进怀里来，这事儿落在哪个男人的头上，还不得乐坏了？可这样一件大部分男人梦寐以求的美事，就这么被刘鹏给拒绝了？！

"叔，要说呢，我得谢谢赵老板和赵小姐对我的赏识，小子真是三生有幸。可是，像叔叔你，在上海那么些年了，还是时时刻刻牵挂着黄岩老家。这上海固然很好、美女固然美妙、财富固然可喜，可刘鹏双亲在堂、香料厂才刚刚起步，我抛不下呀！"

这会儿不知道被多少男人红着眼骂他是笨蛋，可人家刘鹏就这样，还是扛着他的铺盖儿辗转于家乡和各地之间，还是做着他自己想做的事，尽管辛苦，但却甘之如饴。

"殷其雷，在南山之阳。何斯违斯，莫敢或遑？振振君子，归哉归哉！"

被批斗的"好"时光

"广大的无产阶级革命同志们，今天这个大会，是我们向走资本主义道路的反革命分子发起的又一场战役……"

洪亮的喇叭声里传出词正腔圆的"老三篇"，夹杂着各种嘈杂的声音。

"批斗大会现在开始……"

站在批斗台上的刘鹏头上戴着纸帽、胸前挂着写满字的牌子，双目直视前方。那儿有很多面孔，有熟悉的有陌生的，也有既熟悉又陌生的，他有时会点个头，有时会笑一下，算是打个招呼。

作为批斗对象的刘鹏，这样的批斗会不知道参加过几次了。若是批斗会时间比较长，他便在脑中想着那些化学公式，想着未做完的实验下一步该怎么去做，想着什么材料从哪里可以找到……这一刻，世间万物于他，都只是海市蜃楼般的存在，批斗的声音被他自动过滤、观众的喜怒被他直接忽视、神志游离于酸痛的身体之外……

于是，革命斗志高扬的"文革"小将们经常惊讶地发现，正被他们费尽心思批斗着的刘鹏面带微笑、目蕴精光、昂首挺胸、稳若泰山，好像在接受来自他们的赞誉和褒奖似的……

台下的刘小根迷迷糊糊地跟着大家喊着口号，心里惦记着儿子膝盖处那反复出脓的肿块。眼见得那肿块越来越大，赤脚医生那儿的紫药水红药水也不知道用了多少，可就是没效果。他今儿来就是为了找刘鹏商量，看看有什么办法可以治疗。

以刘小根以往的经验，虽然他和刘鹏是不沾亲的同姓，但不论碰到什么难处，只要找到刘鹏一说，他总是会帮忙想出办法来的。

眼下刘鹏虽然在台上被批斗，可对刘小根而言，刘鹏在他心里的地位丝毫没有降低一点儿。他反而对批斗会耽误了他和鹏哥说话的时间感到着急。

批斗完了，就是游行。那段时间，游完东村游西村，游完南村游北村，刘鹏用脚步丈量着路桥各地，他当这是在锻炼身体，往往安然若素，恰似闲庭胜步。

和往日一样，游行的时间，成了大家和刘鹏谈事儿的时间。刘小根早就挤到了会场的门口等着，眼巴巴地看着刘鹏走出会场。他跟在游行的队伍间，蹭到了刘鹏的旁边，可这会儿刘鹏正和一个满头大汗、头发半白的老头说着话。

那个捷足先登的老头显然也是铆足了劲才挤到刘鹏身边的。刘小根听着，内容好像是家里一个孙子生病了不见好，请刘鹏帮忙想个法子。只见刘鹏沉吟了一下，看了看老头满是红血丝的眼睛和一脸焦急的模样，告诉了老头一个秘密：十里长街三桥口有个打铁铺，是个寡妇和她儿子一起开的，寡妇是掌主锤的，儿子是握大锤的。你要去求的便是这个寡妇，她乃是不出世的高人，使得一手好银针，特别是治小儿难疾方面有她娘家传下的本事，一般小儿的疑难杂症她施针一次大多转好，极少的需要施针两次或三次。只因夫家是打铁的，便以打铁为生，也不向外言说，加上现在又到处割资本主义尾巴，她更是谨慎，即使有人求到门前也都以并无此事来推脱，因此埋没了这治病救人的好本领。

老头一听有神医，脸上顿时绽开了花，浑浊的眼睛里透出惊喜的光来。待听到寡妇已经不再治病时，他又如霜打的茄子般蔫了下去，一双手握了又松、松了又握，早已是汗津津的。他一手擦了擦快要流进眼睛的汗水，脸上便留下了一道泥痕。他当然没察觉。他伸出舌头舔了舔干裂的嘴唇，一只手拉住刘鹏的袖角不放，眼巴巴地说："鹏哥，你肯定有办法的，是吧？我求你——

小国快不行了——"

刘鹏叹了一口气道："你等下去找打铁铺的小掌柜，就说我刘鹏有一件物什要他打，得照着你家的样式来，请他和他娘下午去你家一趟，家什要带上，银的，小孩用得着，他娘便知道了。"

"谢谢，谢谢鹏哥，麻烦鹏哥你了！"老头看着比刘鹏年纪大，却一口一个"鹏哥"叫着，眼看快被人挤到一边去了，他连忙挣扎着挤回到刘鹏身边说："鹏哥，本来这会儿不来麻烦你的。你现在这样我帮不上忙，反而来求你，可孙子发烧三天了，看了大夫也不见好，也就指望着你这儿能有个救命的法子了。"

"哎，蒋兄你也别客气，能帮就帮帮看，就怕帮不上忙。"

"那诊金？"

"不收诊金，晚饭你给准备好就行了，要有饭、有酒、有鸡蛋，这是她的喜好。"

"啊——"老头张着嘴，见旁边一个戴红袖章的红卫兵指着自己瞪着眼，他赶紧点点头说："我晓得了，我晓得了。"

"我的面子她应该会买的，但她给你孙子治病的事千万别向外说。"

"我就说是我表姑家的亲戚来看我，隔壁邻舍我都不会说的，放心吧鹏哥，你这么帮我，我打死也不会把事情说出去的。"

"那你先去吧，早点去早点办事。"

老头擦着眼睛还没转过身，刘小根刚打算张开口，便见一个老太婆拉住了刘鹏的袖子："表叔，你得帮我管管家里那个败家子，他昨天赌博又输了，夜里回家不但把我老太婆的棺材本都抢走了，还打了我。我都不知道怎么活了，我的命真苦啊……表叔，你得帮帮我！"

原来老太婆是个丧居的老人，跟着隔壁的邻居叫刘鹏表叔，其实和刘鹏没什么亲戚关系。因怕无人养老，她便从亲戚那儿过继了一个义子，本想着老来有依，没想到反而引狼入室。以前刘鹏曾多次帮过她，她这会儿便又求到刘鹏这儿来了。

刘鹏和一批"臭老九"被革命小将押着游行，不能走开，他举目四处看了看，发现一张熟悉的脸，便示意那人走近，将老太婆的事交托给他。老太婆千恩万谢地走了。

刘小根总算轮到了。他顾不上四周人声鼎沸，靠着刘鹏一边走一边将事儿低声说了，果不其然，刘鹏开口说："金银藤捣烂外敷，白芷天花粉炮山甲……煎水服下，再不行你去找卖芝桥的余大夫，就说是我的朋友，他会好好帮你儿子看的。"

刘小根欢天喜地走了，立马就有人走近刘鹏的身边……

游行不惊，看路边花开花落；批斗不计，望天上云卷云舒。

就这样，在那些被批斗的"好"时光里，刘鹏成了一个受关注的爱帮人的安静的灿烂的美男子……

财神爷再世

1966 年，一场轰轰烈烈的浩劫席卷了中国大地，全国上下一片混乱。

与此同时，刘家也难逃劫运。刘治雄被造反派从黄岩香料厂揪回路桥批斗，紧接着举家被下放到当地的良一大队，接受贫下中农监督劳动改造，次子刘鹏也随之一起，三子刘慎三被迫远去新疆，四子刘万章被送到黄岩大寺基林场，好端端的一家就这么支离破碎。

同年，党中央"五·七"指示：农民以农为主，有条件的也可以办工厂。于是，浙江全省放开政策，允许农村集体办企业。

那时，路桥良一大队的村民们挣扎在饥饿和困苦的边缘，尽管时任大队书记的杨匡保是一位农技师、种子专家，但良一村人多地少，没有其他可供村民就业的地方，就靠着可怜的田地，村民们常常食不果腹。

穷则思变，当刘家父子被下放到良一大队的时候，大队里那些饿昏了的社员早已对黄岩化工厂职工的福利和待遇垂涎欲滴，见刘家父子来插队，社员们怎么按捺得住那颗不安分的心呢？这刘家父子不就是现成的摇钱树吗？饱受贫困和饥饿摧残的社员们蠢蠢欲动，自然而然就想到了办一个化工厂，靠刘家父子从此过上好日子。于是他们便开始游说杨匡保，一拨接着一拨。

身为大队支书的杨匡保心里当然也想为社员们造福。他也曾千方百计、殚精竭虑地想改善社员们的困境，可是在要人才没人才、要资源没资源、要政策没政策的情况下，只有摇头长叹。此时他的心也是跃跃欲试，可他是个明白人，刘家父子若不配合不同意的话，这厂即使办起来也未必是个好事。得人家心甘情愿才行。

于是杨匡保找了当时路桥农办的一个主任商量，那主任给他出了个主意：刘治雄是学术型人才，负责产品开发是自然的。办化工厂需要厂长，厂长就在大队里找个可靠老实的人来当，副厂长让刘鹏来当，具体的产品生产和销售都交给刘鹏，正厂长只挂个名，一切听刘鹏的。另外，待遇不能低于其他单位的工人，这样的话刘家父子兴许会同意。杨匡保当即答应，然后和农办的主任一起找到了刘家。

经历了破四旧、抄家后的刘家惨不忍睹，原本书香隽永、繁华热闹的门第成了破落老旧、萧瑟凄凉的老宅。高大的书架被砸得七倒八歪，那些被刘老爷子视为珍品的典籍早已烧的烧、撕的撕；博古架上的瓷瓶茶器等成了一地碎片；珍藏多年的字画早已不见踪影；最让刘家父子心痛的是他们的实验室也被砸得稀巴烂，实验资料被破坏得一塌糊涂。

当杨匡保和农办主任踏进刘家的时候，年轻气盛的刘鹏正难过得吃不下饭，他一肚子的情绪，又是委屈又是愤怒又是心痛，不甘心家里所遭的灾难、挂念被迫离散的亲人、痛惜多年为之付出的心血……

当杨匡保两人说明来意后，刘鹏犹豫不决。如果答应创办化工厂的话，父亲刘治雄就不用在田间劳动，对一个手无缚鸡之力的热爱科研的老人来说，这不啻是天大的解脱。但就个人意愿来说，大队自办化工厂无论规模和各项条件都太简陋，社员长期在田间劳动，一下子转为化工厂工人可能难以适应，并且这些人大多致富急切，如果化工厂万一没有办好，怕无法承担起失败的后果。

杨匡保的身体本来就不好，这时正值他生病期间，走路颤颤巍巍的需要人扶，他看出刘鹏的疑虑后，便起身道："我身体不好，怕是活不了多久了，我当大队书记的这些年让社员一再受穷，我对不起良一的老少啊，阿鹏，你就当帮帮我吧！"

刘鹏看着这位种子专家瘦弱的身躯、急切的眼神，听着他悲悯地说着社员的现况，不由于心不忍起来。在父亲刘治雄的支持下，他毅然走进一穷二白的良一大队，和社员一起办起了日用品化工厂。

父亲刘治雄主持技术，儿子刘鹏负责全厂日常事务。从此，刘鹏就没日没夜地在日用品化工厂里捣鼓，从产品的研发到生产，从成品到包装……忙得不亦乐乎。

没多久，产品出厂了，一箱箱包装好的产品运往全国各地。之后销量直线上升，所得利润除了支付工资全部交给大队集体。良一大队第一台耕耘机（后称"手扶拖拉机"）就是用日用品化工厂获得的利润购买来的。

年底分红，良一大队的社员蔡阿根站在大队部门口，蘸着唾沫把手里的钞票点了足足三遍，对一旁笑得不知道说什么好的老婆说："花，我有钱了，我有钱了……"

蔡嫂用手抹了抹蔡阿根头上的汗，嗔道："瞧你，没见过那么多钱吧？数钱都数出汗来了。"

"你见过？"蔡阿根撇了撇嘴，随即挺起胸膛大手一挥，"走，我给你买件新衣服去！"

"先给你买吧，你要出门，用得着。"

"都买，给你爸你妈我爸我妈都买一件。"

"不能这么开销的，要省着点用。"

"怕什么？有鹏哥在，还怕没钱赚？放心吧，挑好看的买。"

"你当鹏哥是财神爷啊？"

"不是我当鹏哥是财神爷，你看看我们良一大队现在谁不当他是财神爷啊！"

"那倒是的，鹏哥就是财神爷再世。"

向要判我死刑的人说谢谢

"文化大革命"期间，"批走资本主义道路工作队"进驻良一化工厂，刘鹏被列为调查对象。

工作队的革命小将们工作热情很高，怀着对资本主义的彻骨仇恨，誓要揪出隐藏在人民群众中间的资本主义尾巴，割掉这个危害社会主义建设的毒瘤。于是走村串户、翻家倒舍，从早折腾到晚，闹得鸡飞狗跳、鸡犬不宁，试图翻出点蛛丝马迹来指控刘鹏。

可惜刘鹏一心为公毫无私心，工作时间总是比别人多，拿到的也只是几个工资，也从不乱花厂里的钱，一桩桩一件件清清楚楚都有来路可查。

但对于工作队来说，不找出些碴子来就显示不出他们的本事。工作队在锲而不舍挖空心思地追查下，终于寻到了一个漏洞。

原来有一次刘鹏出差报销金额的零头是八元二角钱，厂里的出纳给了刘鹏一张十元的钱，需要刘鹏找回一元八角钱，但刘鹏身上没有零钱。当时的出纳就说："没有就算了，反正就一元八角，下次有再补上好了，再说了，以前报销的时候我这没零头，刘厂长你不也经常不要了嘛。"刘鹏因急着有事，一时半会儿也没处弄到这点钱，就先走了。之后工作一直很忙，杂七杂八的事多得不得了，刘鹏没将这小插曲放在心上，忘得一干二净了。

惊喜不已的工作队立马像得了宝贝似的开始炒作，首先将此事上升到政治高度，从思想觉悟到出身成分，大肆对刘鹏展开攻击，之后成就满满地向上汇报，给刘鹏扣上一顶反革命走资派的帽子后，将他关进了学习班。

此时刘治雄也被打成反动学术权威，自身难保。全家陷入一片混乱之中。刘鹏被关入学习班后，不久又被有心人落井下石，移送监狱关押。

牢狱之灾对任何人来说都是难以忘记的痛苦经历，特别是初进监狱的人，对其总是有着与生俱来的抵触和恐惧。身为知识分子的刘鹏也是如此，可在暗无天日颠倒黑白的年代，他只有努力让自己保持清醒和冷静，才能不向残酷的现实低头，坚守自己的初心。

当监狱长问刘鹏："你犯了什么罪入狱的？"

"我没犯罪。"刘鹏说，"我是一个本本分分做事的人，我从没伤害过谁，也没破坏公物，更没有贪污受贿，我所做的事都是对得起天地良心的。"

"你以前做什么的？"

"当技术副厂长，研发产品，然后生产销售。"

"那你应该认识字的，这样吧，以后监狱里抄抄写写的东西就由你来，还有那些标语和口号要刷到墙上去的，也由你负责。时间没要求，你就这么给我待着吧。"

此后的 25 个月，刘鹏经常提着一个油漆桶，拿着一把刷子，在监狱里晃来晃去。他有时坐在墙角想着高墙外的家人，有时扶着梯子慢悠悠地在白墙上刷标语，有时也和一些看着比较和善的犯人聊几句。监狱里的人都知道这位气质迥异的年轻人是个斯文又儒雅的读书人，对他特别地尊敬。偶尔有几个新来的罪犯想欺负刘鹏，也马上会有人出来帮他。所以，刘鹏的监狱生活倒是过得安静而祥和，除了没有自由。

但一件意料不到的事情发生了。

有一张百八十人以上联名签字的申请书送到了当时黄岩县司法机关负责人的手上，内容是要求判处反革命走资派刘鹏死刑！

这对于刘氏一门来说，无异于晴天霹雳。

十五过去了、初一过去了……刘鹏还没回来。村民们去村委会问，村长说被"革委会"抓走了，他也没办法呀。村民们又去"革委会"问："领导，咱刘财神……啊不，咱刘厂长啥时能回？"

"哪个刘厂长？"

"刘鹏刘厂长。"

"革委会"的人低着头看手指，轻描淡写地说："不知道，这事儿得到上面去问。"

"上面是哪儿？"

"上面就是上面。"

村民们傻眼了，互相看了看，蔫了，各回各家、各找各妈。

端午过去了，重阳过去了，眼看着春节到了，口袋里没钱了呀！鹏哥在的时候攒的那些钱都用得差不多了，娃们的新衣服总要有个着落吧？于是村民们又凑在一起商量了。"革委会"工作队估计还是那个样，那这次就去上面的"革委会"，区里的那个。

"我去，你们还有谁去的？一起。"

"我去——"

"我也去——"

"我——"

……

一帮人呼啦啦往外走，没走几步就听见有人问："哪儿去啊？"

"去区里，要鹏哥。"

"把鹏哥要回来啊？我也去！"

"啥？你们刚才说鹏哥要回来啦？"

"不是，是把鹏哥要回来。"

"把鹏哥要回来啊，好，等一下，我叫上我俩兄弟、仨小舅，还有我老爸和五叔公……"

就这样，一帮村民自发组织着朝路桥区"革委会"走去，一路队伍不断扩大，等到了区公所，大半个院子都站满了人。

"革委会"的人一看，不好办啊，这些都是良民啊，于是赶紧好言好语好脸色伺候着。可是气势宏大的村民们怎么会被一通虚话给套住呢，大家嚷嚷着："不放了鹏哥，我们就不回去。"

"革委会"的工作人员说破了嘴，他们也不听，反而激起村民们的怒气，一时间，院子里一片骂声，有几个村民甚至还招手撸袖准备动手。

这时，一个"革委会"的二愣子还犟嘴说："什么鹏哥，就是个走资派，没毙了他算是好的了。"

一石激起千层浪，村民们一下子炸了："断人钱财等于杀人父母啊！抓走了鹏哥，等于断了我们的好日子啊！跟他们拼了。"

村民们气势如虹，摔桌打凳纷纷上演，那个二愣子一下子被打趴下了。

这些村民都是根正苗红的贫农呀，可不能硬来。"革委会"的其他人一时吓得没了主意，缩在屋角大眼瞪小眼地急，机灵点的先护住了自己的要害。

幸亏其中有个聪明点的工作人员结结巴巴地说："刘鹏已经被送到另外的地方去关押了，这事儿已经移交司法部门处理，目前'革委会'没有处理的权限了，要人也只能到司法部门去要。"眼看着真没办法了，村民们才无奈地散了。

当晚，"革委会"和工作队有关人员聚在一起绞尽脑汁商量对策，他们知道刘鹏的牢狱之灾是自己这帮人造成的，罪名也是莫须有的，就是为了制造一个走资派表现自己的革命成绩而已。

经过白天这么一闹，他们发现刘鹏在良一村村民当中的名望不啻神一般的存在，如果让刘鹏再回到村民之中，了解了真相的村民恐怕会撕了自己这帮人。

于是这帮泯灭良知的家伙便处心积虑地筛选出一些急欲出风

头或者胆子小、耳根子软的人，或利诱或威逼，让他们出面讲刘鹏的坏话，到处散布刘鹏的谣言，意欲置刘鹏于死地。

当时任村干部的杨大头是个好大喜功的人。他为了表示自己的革命决心，决定造出个典型反面人物来邀功。但因以往和刘鹏父子有交往，怕自己在明面上提出来的话会被人说自己出卖故人，便心生一计，让群众联名要求判刘鹏死刑。此事若成功，村里肯定会作为"批走资派先进典型"被表扬，杨大头作为村干部那肯定是头功，但因为是联名上书，又不至于被乡亲们指责。于是杨大头便串通了几个人，暗地里煽风点火，坑蒙拐骗了一些群众，在联名申请书上签字，要求判刘鹏死刑。很多不明内里甚至不认识字的村民就这样被他们骗得按下了手印。

此刻，32岁的刘鹏，面临着人生中最凶险的境地。

半个月后，刘鹏接到通知：监狱长要见他，在办公室。

消瘦但精神依然饱满的刘鹏淡定地坐在监狱长的对面，他发现监狱长给他安排的是一张会客椅，而且监狱长的脸上没有那种严肃的表情。

"你收拾一下，三天后出狱。"监狱长和蔼地看着刘鹏说。

"到哪里去？"

"哪里去？"监狱长笑了起来，"你想到哪里去？"

"我当然想回家。"

"你知道你犯了什么罪吗？"

"我没有犯罪。"

"看来你是白改造啦，都认识不到自己的错误。还想家？想也没用。"

"没用也要想的。"

监狱长笑了起来说："好吧，告诉你，要放你回去了。你可以回家了。"

"呃……我……"

"怎么啦？高兴坏了吧？"

"我不回去。"

"啊？"本以为肯定能看到一副惊喜表情的监狱长不由睁大了眼睛。"我这监狱里好像从来没碰到过忠诚度这么高的犯人啊！"他冲口而出："你傻呀？为什么不回家？"

"我没犯罪，我不是罪犯。"刘鹏面不改色，慢吞吞地说，"这两年多的牢狱不能就这么算了，我这么灰溜溜地回家，肯定会被人说成是做了坏事才会如此的，再不然就说我是逃回家的。我需要向大家证明我的清白。"

"你这人真是的！"监狱长一下子觉得又好气又好笑。经过两年的相处，他或多或少对刘鹏光明磊落的汉子本性有所了解，沉吟了一会后，他问："那——那你说，你要怎么才肯回家？"

"你亲自送我回家，"刘鹏看着监狱长的眼睛说，"你不但要亲自送我回家，还要当面向我所在的村委和父老乡亲说明我是被冤枉的。"

"哈哈哈……"监狱长大笑起来，"我说你这个刘鹏啊，胆儿还真大哈，有意思……有意思……"

刘鹏注视着监狱长，目光澄澈、毫无畏惧，坚定地说："要不然，我就不走了。"

"好吧。"监狱长带着赞赏的眼光看着眼前这个不卑不亢的男人，点了点头，嘱咐道，"你先回去。这事儿别告诉狱中的其他人。三天后，我亲自送你回家。"

出狱后不久，村干部杨某人的家里要建新房，但是缺少木料，特别是主梁。他托人四处遍寻不得，想起刘鹏交际广阔人脉发达，还有在临海山区的好朋友，他便又托人陪着一起去找刘鹏，要他帮忙想办法搞点木料。

面对当初欲置他于死地的杨某人，刘鹏心中百味杂陈。这事换成一般人来说肯定是一口拒绝的，不骂上一顿算是仁慈，然而刘鹏却答应下来了。

此后杨家建房用的桁料屋椽等全由刘鹏从临海一个朋友处解决。亲朋好友得知此事后，有的义愤填膺，有的说刘鹏太傻，也有的干脆跑到刘鹏家诉说当初杨某人对他的恶举，并责问他为何如此健忘……

刘鹏笑着说："经历过如此凶险之事，心中自会感叹万分。我当然不喜欢他如此对待我，但就那时的境况来说，我要感谢那些要求判我死刑的人。试想，若没有他们，司法机关也不会重视，也不会来彻查我的案情。只有查明我是清白的，如此我才可以出狱回家。要不然，我这会儿可能还在监狱里过着刷墙漆写口号的日子呢。所以，我得向那些要求判我死刑的人说一句谢谢！"

助力航天火箭腾飞

有一台州籍男子，自哈尔滨外国语学院俄语系毕业后，在北京外国语学院留苏人员预备部教授俄语。1960年，他被评为北京市劳动模范。随着中苏关系的破裂，俄语渐渐丧失了用武之地，35岁时，男子转而攻读日语，之后远渡日本到一所大学里教书，再后来在中国驻日本大使馆工作。"文革"期间，他挖过河道种过地，还烧过锅炉。他是中国外国语大学的教授、外交部留学生管理司负责人，曾参与合作修订和编撰多部汉日辞典和日汉语教材。

这位在语言学界有着超强学习能力和使用能力的天才，叫刘青然，是刘鹏的大哥。

1976年，在台州黄岩有机化工厂上班的刘鹏到北京探望大哥，兄弟相见，分外亲密，一席长谈，家国天下事，无所不包无处不涉。其中一件事情引起了刘鹏的兴趣。

当时青然教授推了推眼镜说："1964年10月，我国第一颗原子弹爆炸成功，这是划时代的盛举；1966年10月，中国导弹运载核弹头发射成功，这标志着我国的国力有了一个飞跃。国家航天事业和国防事业的发展是一个国家综合实力的体现。国家目前正在不遗余力地研究航天器，其中光刻胶是航天器材的半导体中必不可少的材料。这种技术目前只掌握在少数发达国家手中，国内还没有研发出精密度令人满意的光刻胶，这一直是中国航天技术的遗憾和目标。"

刘青然教授放下手中的茶杯，叹了一口气后说："希望有朝一日这个遗憾会成为历史。"

"光刻胶？是什么？"刘鹏皱起眉头问。

"光刻胶是一种对光非常敏感的液体，是建造集成电路的关键材料，经光照后即发生溶解性和亲和性的明显变化，可用作涂层成像、流动黏合等，其敏感性高、流动性和覆盖性均匀、稳定性好、抗蚀性强，所以技术工艺很复杂。"

"光刻胶！化学制品……"刘鹏的眼中射出一种炙热的光来，"这有朝一日应该不会远的。大哥，我来试试。"

"你？！"刘青然一瞬间哑然失笑："这可是我国'六五''七五'期间的重大攻关项目，科研设备和基础都是必要的，你可得掂量一下你目前的条件。"

"条件？"刘鹏笑起来，他用食指戳了戳自己的脑袋，眨了眨眼说，"这就是条件。"

刘青然看着弟弟那颇为淘气的表情，还有一如孩提时那双纯净执着的眼睛，一股豪气从胸臆中腾起，他重重地拍了一下刘鹏的肩膀："好！只要你有信心，大哥定尽全力助你攻下这个难关。"

"兄弟齐心，其利断金。"刘鹏大笑起来，拿起茶杯碰了一下大哥的杯子，一口喝下杯中的茶，转而正色道，"父亲知道的话，肯定也会支持我的。"

"你说得对。打虎亲兄弟，上阵父子兵。"刘青然笑道，"他老人家可是我们的坚实后盾，这下他又有得忙了……"

目标锁定光刻胶，撸起袖子说干就干。

刘青然教授发动他所有相关的人脉：上报国家计委，并介绍中国交通大学、北京师范大学等科研单位给刘鹏，以寻求合作资源。

刘鹏立即马不停蹄地造访当时一些资深的化学教授，教授了了解了刘鹏的来意后，大多感其诚意，但忧其成效。

国家计委领导却慧眼识人，拍板决定让刘鹏带领一批人赴日进行为期一周的考查调研。归国后的刘鹏一踏进家门，老父亲刘治雄便迫不及待地把他拉进了自己的实验室……

绞尽脑汁、废寝忘食、呕心沥血……记不得有多少次失败，记不得调整过多少次配方，也记不得美食的滋味和美酒的醇香，只知道再来一次，再来一次，再来一次……

夜半。月色清冷，父子俩看着南官河边的孤灯，相对静默。窗内，两双不停动作的手，两对毫无困倦的眼睛。

柳枝又一次抽芽了……

"四人帮"粉碎了……

高考恢复了……

光刻胶研制成功了！精度达到 2～3um 的光刻胶在南官河畔出现！

亲手验证了光刻胶的质量后，刘鹏满怀信心地带着成品坐上了去上海的汽车，造访了当时国内技术最先进的化工企业——上海化工试剂公司。

"请借我一个平台展示我的产品，我会报答你们的。"这个个子不高但胸有成竹的男人如是说。

公司负责人摇了摇头："我们是业内瞩目的企业，你要知道，万一你失败了，可能永远会是化工界的笑话。"

"我对我的产品有信心，你们可以免费试用，如果有不良后果，我会全部负责，绝不会影响你们公司一丝一毫，我可以签下合同。"山一样的承诺让公司负责人决定赌一把。

一片绿叶，一个春天。

半个月后，上海仪表局属下的上海电子管三厂、上海无线电七厂和十九厂的厂长亲自来到路桥十里长街，一开口就是有多少货就要多少。

国家科委、化工部、电子工业部等两部一委领导先后三次到刘鹏领导的有机化工厂参观指导。

不久之后，"轰"的一声，航天运载火箭飞上了天。刘鹏父子研制的胶水，牢牢地保证了那万众仰视的效果。

从此后，刘鹏父子的研究生产一发不可收拾。"2544 羟基生氮盐"填补了国内空白，"502 瞬间黏合剂"达国际水平，2544吗啉重氮盐与氟硼酸盐，PS 印刷平版用的 215、214 感光胶等相继问世。党中央、国务院、中央军委向刘鹏颁发了嘉奖令，其他省级奖项也纷纷飞向台州。

刘鹏领导的有机化工厂所生产的产品，占全国同类产品的一半以上。一家微不足道的乡村小厂，就这样在刘鹏的手里蜕变成全国同行业中的龙头企业。

改制为媒，有情人终成眷属

　　徐国林提起一桶水倒进水缸，水哗地一下沿着缸壁下涌然后旋转着平息。他喜欢这种速度和力量带来的欢快的声音，于是咧开嘴笑了起来，一口白牙在低矮昏暗的厨房里闪出一道亮光来，他随即又将另一桶水倒入水缸，哗——

　　小梅靠着门框，呆呆地看着徐国林。即使只是看着徐国林的背影，也能知道他笑得有多开心。她止不住伤心起来，昨晚娘说得很清楚了，阿爸已经答应三桥埠头卖面老高的求亲了。这是老高第三次托人来说了。老高的儿子小高是独子，有个姐姐早七年前就嫁人了，老高两夫妻就到处张罗着给小高解决家庭问题。虽然小高长得又黑又矮又胖，一脸粉刺还有狐臭，可光凭小高在国有工厂里上班，就不愁找不到对象。上门提亲的媒婆三天两头就有，老高夫妻俩也看中了好几个姑娘，可小高自从看见小梅后就像着魔似的认准了她，磨着他娘一而再再而三地托人提亲。

　　小梅和国林打小一个院子里长大，国林比小梅大两岁，无论从经历上还是感情上都是青梅竹马的标配，何况国林长得精神帅气，做事勤劳利落，对小梅一家又很好。小梅家担水挑煤这种事，徐国林十四岁起就开始做了，他长大一点后，小梅家房顶补漏、电线短路等事他也全包了。小时候晚上乘凉，邻舍们问小梅："长大了嫁给谁啊？"小梅便脆生生地答："嫁给国林哥啊！"以后再有人这么问的时候，国林和小梅便同时回答，一个说"嫁给我啊"，一个说"嫁给国林哥啊"，邻舍们便一起哈哈笑。除了小梅阿爸外。

　　小梅的阿爸上过一年初中，平时也喜欢看看报纸什么的，在很多人念不起书的年代里他总觉得自己比别人高上一等，应该做高人一等的工作。可是他出生在农民的家庭。十八九岁那会儿，他在村里做文书兼会计，娶了村里有名的漂亮妹子，次年的冬天小梅出生了。

　　世代农民的身份让小梅一家在"文化大革命"中稳如磐石，日子过得滋润和美，让人艳羡，但小梅爸总觉得自己怀才不遇。

　　在小梅三岁的一个暮秋，小梅爸做了个梦，梦见自己坐在一间办公室里，拿着一支英雄钢笔在一份文件上签字，然后拿出抽屉里的公章慎重地盖上去，再用嘴吹吹，等章干了后交给一直紧张地站在一旁的中年秃顶男人，看着那个男人满脸的汗水，听着那个男人满口的感谢，不屑地挥了挥手让他走。窗外吹进来的风送来一阵阵革命口号，还有槐花香气，桌子上堆积着的文件数不胜数，他手中的圆圆的大红的公章踏实而厚重……

　　第二天，村部来了个戴着鸭舌帽提着公文包的四十多岁的男人，拿着一份介绍信，说是来村里开展关于基层人才培养的调研工作。负责接待的小梅爸看着那张介绍信，上面盖着好几个红艳艳的公章：中国人才革命调查委员会、中国基层人才培养研究中心、基层干部选拔调研所，等等。介绍信上说，鉴于目前革命的需要和国家基层干部人才的匮乏，需要在各地进行人才选拔以扩大革命队伍。被选拔的人才有资格在中央党校进行三个月的培训，然后分配到各地市级单位重要岗位任职，而眼前这位表情严肃态度认真的李同志就是台州地区选拔的负责人，要求基层单位予以保密并配合工作。

　　小梅爸的脸被那几个章映得发红，昨晚的梦瞬间有了实质感……

　　小梅三岁生日还没到，阿爸就跟着那个李同志走了，带着家里所有的积蓄，还有向亲戚朋友借来的三百多元钱。阿爸说他明年就回来，那时候他就是革命干部了，要在地区里当官的。

那一年过年，阿爸虽然不在家，但小梅家却有好多亲戚朋友来拜年，送花生的、送芝麻糖的、送红薯的、送衣料的……络绎不绝，小梅娘的脸上笑着，心里却隐隐地担心着。

小梅四岁那年的夏天，阿爸还没回家，要账的人却到家里来了……

小梅五岁生日的时候，阿爸依然没回家，要账的人看着家徒四壁的房子，狠狠地骂了几句又吐了口唾沫后走了……娘抱着小梅抹眼泪，小梅趴在娘的怀里哭，她想不明白：为什么阿爸不要自己和娘了？为什么以前对自己笑眯眯的那些叔叔伯伯婶婶们现在一个个那么凶？为什么别的小朋友现在都来欺负自己？

除了国林哥。徐国林经常为了保护小梅和其他小朋友们打得头破血流。

那晚，小梅娘出去了，国林给小梅送来一碗面。那是他央求他娘给做的，国林的阿爸早就没了，他娘疼他疼到骨子里。小梅问国林："为什么做阿爸的都不要娘了？"国林想了想说："我也不知道，不过如果我以后做了阿爸，肯定不会不要你的。"小梅睁着一双大眼睛歪着头想了想问："你怎么知道啊？我阿爸本来对我娘也很好的，我觉得我还是不要做娘了，这样你就不会不要我了。"国林说："不管你做什么，我都要你的，不信我们拉钩。"

"好啊，说话算话，拉钩。"

那年过年前，小梅阿爸回来了，二十五岁的人变得像五十岁似的，右手断了三根手指，别人问他这两年干吗去了，他总是摇摇头，只字不提。当然，他也失去了做文书的资格，和别的村民一样下地干活，做得比别人还多，经常累得直咳嗽。有一天夜里，小梅迷迷糊糊地听阿爸在说："小梅娘，我对不起你，以后我一定给小梅找个安稳吃皇粮的人，不像我这样。"

青春的腰肢如同柳条般，一逢春天就摇曳生姿。国林和小梅见风儿似的就长大成人了。1983年，国林20岁，小梅18岁，别的女孩子十五六岁就许了人家，小梅娘也催小梅阿爸让女儿和国林定亲，可小梅阿爸却中意那个吃皇粮的小高，为了这个，两人吵起来了。

娘说："国林人勤快，对小梅又好，我们两家知根知底，国林就和我亲儿子似的，这样的女婿哪里找去？"

阿爸说："国林是个镇办厂的小工，人家小高是国有单位的正式工，怎么能比？"

"镇办厂是刘老爷子的儿子刘鹏办的，现在挺好的，可赚钱呢，你没看国林娘天天笑的样儿啊？"

"你呀，头发长见识短，一个镇办的化工厂，小打小闹搞个什么产品，能跟国有单位比吗？"

"她爸，我觉得国有单位也不比那镇办厂好啊，你看那个酒厂旁边的化工二厂，不也是国有单位？我表姐夫的娘妗的弟弟在那厂里，说都亏损三年了，工资都快发不出来了，还不如刘鹏办的化工厂呢！"

"可人家国有单位照样还有工资对吧？劳保还照样领对吧？国有企业就是这样，即使工厂亏损了，国家和政府还是会扶持，不会让工人们没饭吃的。镇办厂没有保障，说倒就倒了，连口汤都不会给你剩下，那时难道你叫小梅和我们一样下地干农活？这些年吃的苦你都忘了？"

"如果不是你当年走了，我们怎么会吃那么多苦？"

"我差点就能当上干部了，连培训费都交了，就是因为没有一个吃皇粮的为我做保证人，所以才审核没通过，咱家就缺这样的亲戚。"

"你醒醒吧,那个李同志是骗你的。"

"他没骗我,他还到处找人托关系当我的保证人呢,只是人家不愿意。后来好不容易找到人愿意了,可政审时间过了,就差一天,就差一天啊,我本来就是干部了……"

"没当上就没当上,也算了,可你为什么在外面那么久不回家?"

"我无颜就这么回来,后来李同志介绍我去一个工厂做临时工,说做得好被评为先进的话就能转正。我没日没夜地做,有一天晚上太困了,趴在机器上睡着了,就将这三个手指头折进去了,从此再也没有评先进的机会了……"

"你呀!我真想不明白,为什么吃皇粮就那么重要?人家不吃皇粮的也生活得很好嘛。"

"你不知道,如果小梅嫁了个吃皇粮的,不但她自己衣食无忧,以后她的孩子也能顶替他老子进国有单位工作,她孩子的孩子也能……这是世世代代的好处啊!"

"哦——原来是这样啊!怪不得你那么做,原来都是为了孩子啊!"

"当然啦,小梅就是我的命根子,我当然是为了她了。再说,我也知道国林娘俩对我们家好,这不,前两次老高托人说媒,我都没答应下来,也算是对得起他们了。"

"那……我怕小梅不同意啊。"

"等她当了娘就知道我们是为她好了。这次是镇里的副书记来提的亲,我们再拖拖拉拉的话就太不给人家面子了。难得小高也有心,我们要抓抓紧了,实在不行,就先让两孩子生米煮成熟饭再说。"

徐国林呆呆地看着房顶,最初闻讯时那种五雷轰顶的感觉渐渐消失了,全身上下的力气好似被抽光了似的,脑子中剩下的只一句话：这不是真的，这不是真的，这不是真的……

楼下传来小梅娘和自己的娘说话的声音："国林娘，我也是没办法，谁叫国林不是国有企业的呢，这都是为了孩子好啊，为了后代呀！我们目光要放远点……我们都是苦过来的人……"

国林娘讷讷地，反反复复地叹着气……

小梅跪在阿爸和娘的面前磕头："阿爸，娘，我知道你们是为我好，也知道你们答应了人家的求亲。我只有一个条件，我要等国林哥结婚后我才办婚礼。高家的人不答应的话就让他们找别人，如果硬是提前把我嫁给高家的话，我哪天进门哪天就让他们家多一个死人，我小梅说得出办得到！"

看着小梅决绝的眼神，小梅爸脸色铁青，小梅娘心如刀绞。

春节刚过，年初三，在好朋友国祥的帮助下，国林站在了小高的面前说："我想和你谈谈，关于小梅的事。"

"我知道小梅的第二天起，我就知道你的存在了，可我还是要小梅，而且现在小梅是我的了，所以我们没什么好谈的。"小高狠狠地盯着国林。他讨厌这个人。

"小梅是属于她自己的，你根本不是她喜欢的人，她喜欢的是我。"

"她喜欢你有什么用？喜欢又不能当饭吃。我不管她喜欢的是谁，只要她嫁给我就行了，躺我家床上了，心里想着谁，结果都一样。"

"你……"国林指着小高，气得说不出话来，皱着眉咬牙直打战，一边的国祥为了平和气氛赶紧说："慢慢说，慢慢说……"

小高看着国林痛苦的俊脸，心里止不住地乐，他冷笑着说："我什么？我不偷不抢不干坏事，又不上门去抢人家老婆，你指着我干吗？"

"她还不是你老婆呢！"国林五内俱焚，哑声说道。

小高哼了一声说："早晚都是，小定都已经送了。"

大口大口呼吸了几下，国林按捺住一腔怒火，低声道："高哥，小定送了多少我赔给你两倍，只要你退了和小梅的亲事。你尽管开口，凡是我徐国林能办到的，我绝不皱一下眉头。"

小高眯眼看着徐国林，突然笑着说："好，看来还真是个多情种。告诉你，小梅她阿爸和娘就是因为我有正式工作才看上我的。你呀，只要你也能吃上国家饭，那我就退了小梅这门亲事，连小定的钱我都不要了。"

国林的脸色由红转白又转青，忍着气说："高哥，我们一个镇办的企业，怎么能转为国有企业呢，我又没念过多少书，进不了国家单位的。不过我们厂现在经营挺好的，以后也不会差的，我相信我们的刘厂长，我……我肯定亏待不了小梅的。"

"那我可帮不了你了，谁叫你投错了胎没投到好人家呢，对吧？哈哈……"

喉咙里一阵紧缩，国林不禁捂住了胸口，那种痛，如心被紧紧地勒住一般，每次呼吸都会牵扯到一根叫小梅的神经，波浪般绵延到全身每个细胞……

小梅病恹恹地躺在床上，看着支起的窗根外，火辣辣的日头烤得瓦片上的瓦松蔫蔫的，不远处的老樟树绿茵茵的没一丝动静，也不知道是自己眼花了还是热气蒸腾的缘故，只觉得那些明晃晃的刺得眼睛痛，让她一忽儿流泪，一忽儿鼻子发酸，止也止不住。

一个多月没见到国林哥了，听娘说他出去跑业务了。化工厂的生意越做越大，和外面的联系也越来越多，自从小梅和小高定亲后，阿爸就不让小梅下楼了。楼梯的门总是上着锁，只有阿爸才有钥匙。上次见国林哥是一个清晨，从窗口看出去只见老樟树上有个人在挥手，那是国林哥啊！小梅也拼命挥手。他们不能大声喊话，只能做手势。

"国林哥你说什么？你说想我了……说你要出去……说叫我别哭……国林哥，说……国林哥说再见了……国林哥你说什么……国林哥只要你不娶我就不嫁，我小梅只能是你一个人的。"

初秋，晚上九点多，小梅家的门被敲得咚咚咚响。

开门的小梅爸看见敲门的徐国林，脸色一下子暗下来，不耐烦地说："国林啊，我早就说过了——"

"叔，叔你听我说……国林大口大口地喘着粗气，结结巴巴地说，"你听我说……叔，我……我也是国有企业的人了……"

"啊？！国林啊，叔知道你想小梅，可也别乱蒙我。"

"真的……真的……我们厂要和化工二厂兼并了，是县长亲自找我们刘厂长说的，说只要我们厂并了化工二厂，就直接把我们全部改制，改成国有企业，以后我就是国企的人了。"

"国林啊，你莫要哄我，镇办企业改制成国企，在我们黄岩县可是从来没有的事啊！"

"就是就是，可您老想想啊，镇办企业办得这么好的有几家啊？像我们刘鹏刘厂长这样的人才有几个啊？现在都说改革开放，这不就是改革开放的结果嘛！"

"你胡说什么呀！走走走……赶明儿我自己问去。"

"叔，是真的，这事情是县长王德虎亲自主持落实的，我真真切切听到的，真的，叔……我没哄你，晚上都开过会了。"

掩上门的小梅爸自言自语道："这政府能有那么大的胆子呀，我明儿得好好打听打听，现在这小子真是越来越会说话了，什么都能编得出来……"

踏进家门摘下草帽，小梅爸赶紧端起桌上的水喝了两口，看着小梅娘眼巴巴的样子，他瞪她一眼，坐了下来，咂吧了两下嘴皮子后笑着道："这个刘鹏，竟然真的把个化工二厂给吃了。"

"她爸，你是说国林昨晚嚷嚷的那些，是……真的？"

"是真的，政府做媒，将国企嫁给了镇办企业，还答应让原镇办企业的所有工人都转为国企待遇。"

"太好了！"小梅娘一拍大腿，喜出望外道："那看来，小梅她……我……我找国林他娘去。"小梅娘说着进了里屋，开始窸窸窣窣地收拾东西。

小梅爸拿起桌上的蒲扇摇了摇，自言自语道："这个刘鹏，果然是个好角色，这下他那个不到一百人的厂一下子长到一百八十多号人了，厉害呀！人才呀！当初人才办怎么没把他给招走呢？哦，他阿爸好像是右派，怪不得呢！这么说来，我也没什么好遗憾的了呀……"

"你跟谁在唠叨呢？我先走了啊！"小梅娘迫不急待地提着个包袱出门了。

"你干什么去？"

"我去看国林娘啊。幸亏家里还有这桂圆和荔枝，我再去买点猪肉和饼干什么的就够了，反正国林娘也从不计较礼物……"

"你着什么急啊？哪有一家女许给两家姓的道理？"

"道理个屁！本来人家国林和小梅打小成双成对的，是你个死老头子硬要拆了他们俩。幸亏有刘厂长，要不然我的小梅就快要被你给折腾死了，我不找你拼命就算便宜你了……"

"回来！老高那边怎么办？"

"我管你怎么办，反正小梅是要嫁给国林的，你个死老头子你自己去想办法！"

"怎么说话呢你？！"

"懒得和你说了，我走了……这下我总算能睡得着觉咯……阿弥陀佛、阿弥陀佛……"

"好吧好吧，都随你，不过……"

"死老头子，不过什么？你还敢出什么馊主意？！"

"这两小的自个儿好上的，媒人让谁当好？"

"要说这媒人啊，肯定是刘鹏刘厂长啊，不过……"

"小梅娘，你不过什么？"

"不过，这刘厂长可是大忙人，请他当媒人的事就交给你这个老丈人了。这事儿就这么定了，要是请不到刘厂长，以后就别想喝老酒了……"

爱之大者

梅月将一件青色镶秋香绿边的棉布旗袍挂起来，晾在竹竿上，再细心地把旗袍上的皱褶抚平，将贴在一起的前后片分开。这样晾干后的旗袍就会显得自然有型。

整理好了后，她退后两步，仔细端详着旗袍，然后满意地点了点头。她细长的眼睛弯弯如弦月，漆黑的眸子在阳光下闪着水晶般的光芒。

梅月想，若穿了这件旗袍走到他的面前，肯定会让他感到惊艳的。他说过喜欢文文静静清淡雅致的女人。梅月摸着自己雪白的脸庞，想着想着，不觉嘴角便弯起一抹好看的弧度，眸光潋滟……

一只燕子从院子上空飞过，影子从梅月目光中掠过，梅月转过神来，抿嘴带笑地进了屋。

这是一间位于农村的小房子，室内摆设很简单，都是一些最实用必备的家具，但屋内干净整洁，还弥漫着一股淡淡的香气。

环顾整个房间，最靠里的西北边，一张炕床几乎占了房子的四分之一；东北角叠放着一些箱子、木桶之类的，一个边角用帘儿拉了起来，里面估计是私密之处。进门的右手边是个低矮的小方桌，桌上的针线笸内放着剪刀和鞋垫之类的东西，边上是一个木箱子，上面码着些碗筷等。奢侈的摆设要数进门左手边靠窗的书桌了。书桌前放着一张方凳，桌上有几管毛笔架在树枝拼成的笔架上，边上有一瓶墨汁，一叠裁成方形的纸。最上面的一张纸上是小楷写的半首《七律》：

玉髻慵梳频浅笑，斜倚熏笼捻新裳。

惊鸿影掠斜阳里，芳泽加陈绿蚁尝。

梅月坐在书桌前拿起那半首诗看了一会儿，提起横放在一旁的毛笔，蘸了点墨，接着写：

载酒看花心头最，彩鸾星动盼刘郎。

春山寂寥罗衫窄，欲诉素笺紫燕忙。

写到"刘郎"两字的时候，她的脸颊飞起两朵红云，眼波流转，清秀的脸有别样的妩媚。

"梅月，梅月——"一个三十岁左右的爽朗女子走进半开的门来，她手里拿着一个竹筐，竹筐里是几个鸡蛋和一把青嫩嫩的菠菜。

"玲姐，快坐。"梅月赶忙站起身来，将屋子仅有的那张方凳让了出来。

被叫作玲姐的女子却没落座，她一边利索地将竹筐里的东西摆在矮桌上，一边脆脆地说："家里的那两只母鸡这几天可勤快着呢，比赛似的下蛋，你看看，这些吃不完的我就拿了几个给小银吃，也让她补补身子，这孩子念书费脑子。这菠菜，我顺路经过地里拔的，家里种太多，不赶快吃，养在地里就老了……"

这年头，哪有谁家鸡蛋蔬菜吃不完的？玲姐的一番心意梅月心知肚明。

她拉住玲姐那双勤快的手，一边把鸡蛋往筐里面放一边说："玲姐，谢谢你，你经常这么帮我，我都不知道怎么谢你才好。我现在什么也不缺，等缺什么了，我也不会和你客气，自然会到你那儿要。"

"谢什么啊，你真是的。"玲姐声音大了起来，一把将梅月的手打开，佯装生气地说，"你给我停手，过来……"

她拉着梅月白嫩的手，并肩在炕床上坐下，搂着梅月的肩说："我们俩从小一块儿玩，虽说你是在你外婆家长大的，我是在自个儿家长大的，可我向来把你当妹妹看的。那时候我爸没得早，别人都看不起我家，只有你这个城里来的漂亮小姐，从来没嫌弃过我。你爸妈寄来的大白兔奶糖每次你都先给我吃。后来，你长大了，念书又好，就回到城里你爸妈身边去了。可即便这样，你也还是记着我，经常给我寄这寄那的。你还记得那双上海产的绣着梅花的手套吧？毛燕他们都羡慕死我了呢！还有，我娘生病的时候多亏你千里迢迢地把她接到省城找专家看，现在我娘活得健健康康的，都是梅月你的功劳呢！你说你还跟我客气这点小东西……"

"玲姐，你这么说还真是叫我惭愧了，我那是应该的，你娘不也等于是我的娘嘛。你对我才好呢，我单身之后连个住的地方都没有，若不是玲姐你照顾，帮我找到这房子的话，我都不知道在哪里栖身呢，我们娘俩还不知道在哪里飘荡着呢。"

"哎，说起房子也真是惭愧死我了，本来这买房的钱我就是为你准备的，当初我也和你说不用还来着。要不是我家那小子不小心出了事，急等钱救命，我也不会开口要你还钱。梅月，我也是实在不好意思……"

"玲姐，是我不好意思才对，你出钱出力帮我买了房子办了手续，小银有书读也是你帮的忙，哪有不还你房钱的道理？大恩不言谢。青儿有事，肯定要护他周全。我就是露宿街头也不能用这钱的，这可是青儿的救命钱。本来，小银她爸口口声声说会对小银好，我以为虽然他对我无情无义，但总会看在孩子的分上多少贴补一些。毕竟那么些年都是我在养着小银，即使当初他答应给小银的学费经常短缺，我都没有开口说过他。没想到……

他……竟然是个这么自私绝情的人……我真的是怀疑自己当初的眼光，怎么会那么差……"

"当初呀，我们所有人都奇怪，像你这么个聪明漂亮有才的女子，怎么会看上那个长得不怎么样的小子。但你心里喜欢，我也只好支持你了。满以为他会当你是宝贝疙瘩疼着的，却没想到……这男人呀，真是个白眼狼……太没良心了。"玲姐伸手将梅月耳边垂下的一缕长发轻轻夹在她的耳朵上，柔声说，"像你这样的女子，也不知道有多少男人想着惦着，那样不负责的男人，幸亏离了。梅月，其实我一直在给你留意着有没有合适的人，只是，能配得起你的人确实难找。有才的未必有德，有德的未必有钱，有钱的未必有素质，你呀，太不肯将就了。"

梅月收了眼泪说："玲姐，这种事看缘分的，我已经有过一次错误的缘分了，所以不想再被婚姻所困。我决定了，以后不再结婚了，努力把小银带大就好，一个人也会有一个人的好处，我能活出精彩。"

"我相信你，你是个心高气傲又有主见的人，被那男人伤透了心，害怕了，所以才不想再接近男人了。但……你现在还很年轻，总不能这么过一辈子吧？我也不是说叫你随便找个人过，这世上好男人还是有的，比如……比如鹏哥这样的人呢？"玲姐将手放在梅月纤瘦的肩上，捏了一下，轻笑着问。

"鹏哥……"梅月的脸一下子似春花绽放，她慢慢低下头羞涩地说："他……是例外……"

"我就知道，你这小妮子心里是喜欢上鹏哥啦。"

"是啊，我是喜欢鹏哥。"梅月仰起脸，看着玲姐，眼神清亮，声音清晰，用一种毋庸置疑的口吻说道，"我当然喜欢他。我敬重他那常人不能比拟的自学和钻研能力，崇拜他在跌宕起伏中的坚忍不拔的精神，钦佩他在成功时的淡定和清醒，喜欢他是个有责任感和能给人安全感的男子汉，更感动于他义薄云天救困济贫的大爱胸怀。"

梅月的眼睛越发亮晶晶起来，她继续说："玲姐，当我刚从小银她爸所造就的，充斥着虚伪卑劣自私的空气中逃离的时候，我的心如同被一大团凝重乌黑的墨汁包裹，看不到出路，也找不到解脱的方法。后悔、痛苦和绝望紧紧攫住了我。我那时已经下定决心，卖掉这房子来还你的钱。但这给小银带来的伤害是可想而知的。这时……鹏哥出现了！得知我的情况后，他拍着胸脯让我放心，他来帮我解决。那一霎，我以为我在做梦，可这是真实的。第二天，当他将一包钱塞进我手中然后挥手而去时，我才知道这不是梦。玲姐，我就那么怔怔地站着，看着门口，那儿早已没有了他的身影，可他的声音却依旧在我耳边响着。他说，妹子，钱不用还，帮助弱小是他责无旁贷的事，以后好好过日子，碰到困难尽管告诉他，当他是自家人就好。"

梅月看向窗外的蓝天，轻轻叹了一口气接着说道："玲姐，你也知道，看上我的臭男人很多。他们自以为有几个钱或者手里有点权就可以任意妄为，不如他们的意就打击报复。我沦落到如此地步，部分也是拜那些臭男人所赐。这么些年来我对男人的观感实在是糟糕至极。是他……是鹏哥改变了我的看法，他就像大海，轻而易举地稀释了包裹着我的墨汁，让我看到了纯净的美好的希望……他让我重新认知了人性中的美好和善良，让我回想起小时候读过的句子来。"

"你就是读书多。是什么呢？"

"孟子曰：老吾老，以及人之老；幼吾幼，以及人之幼。孔子曰：故人不独亲其亲，不独子其子，使老有所终，壮有所用，幼有所长，矜寡孤独、废疾者皆有所养。这两个句子代表了两位先贤悲悯天下的大爱之心，而鹏哥，恰恰就是这样的人，爱之大者，慈悲为怀。"

"你这么一说，倒是很形象的。不说别的，鹏哥他资助过的人就不知凡几，上不起学的贫困学生、福利院的孤寡老人、残障无依的困难户，等等。除了这些，修桥铺路等公益活动他也经常参加。"

"是啊，他总是让人感觉很温暖、很亲切、很实在，但又很自然。"

"梅月，鹏哥这样的人自然是极好的，可是鹏哥毕竟是有家室的人了，你难道……"

"我知道，我不想破坏鹏哥的家，我只是想当他的妹妹而已。只要能偶尔见一见他，知道他健康幸福，我就开心了。我会自己努力的，以后也会尽一己之力，像鹏哥一样，去帮助更多的人。"

"你呀，就是让人心疼！不知道怎么说你才好。"

"有玲姐你，有鹏哥，我会好好活下去的，而且会越过越好的。"梅月说着，薄瓷一般的脸透出一层淡淡的光晕来。

"妈——妈——我回来啦——"门口跑进来一个圆脸的小姑娘，欢快地扑进梅月的怀里，随即甜甜地向着玲姐叫了声，"玲姨好！"

"小银乖，放学啦！"玲姐疼爱地摸了摸小银柔软的头发说。

梅月指了指桌上道："你玲姨送了鸡蛋给你吃呢！"

"谢谢玲姨！玲姨也要留着给青哥哥吃的！"

"这孩子心里总忘不了别人，像她妈妈！"说着，玲姐起身道别，"小银回来了，你该做饭了，我也得回去了……"

将玲姐送出门口后，母女俩大手拉着小手回到书桌前。

"妈妈，今天你给我讲什么故事啊？"

"嗯，今天给你讲一个现代版的《千里送京娘》。"

"妈妈，还是赵匡胤的故事吗？"

"不是，今天讲的这个人呀，做的事和赵匡胤千里送京娘的义举有得一比……"

沉冤得雪

1985 年，刘鹏在化工厂的地位越来越重要了，他起早贪黑、兢兢业业地忙于厂里的大事小事中，经常废寝忘食。

他南下广州福建、北上吉林黑龙江、西至青海西藏，他的产品"502 瞬间黏合剂"进入了国内大部分的化工市场，成了黏合剂的头号品牌。有机化工厂一年的产值达到了史无前例的 944 万元，被业内人士誉为"化工王牌。"

不过，有时候，当一件大事做完，放松下来后，刘鹏在细细体味努力带来的成就感之余，往往会有一个想法跑出来：我刘鹏堂堂正正，从没有做过对不起老百姓、对不起人民、对不起国家的事，怎么会成了走资派呢？白白被关了两年多，现在虽说已经被放了出来，可难免会被人提起以前。搞得自己好像真做过坏事似的。

"文化大革命"带来的后遗症成了刘鹏心头的一根刺。一个念头在他脑海中萌芽：我得要求平反，要向所有人证明，我刘鹏是清清白白的。久而久之，这个念头疯长起来，他越来越渴望这个时刻的到来

因为工作很忙，事儿很多，刘鹏没有机会好好梳理这事的脉络，将其提到正式议程上来，还是拜他的老父亲刘治雄所赐。

那天，已经 75 岁的刘治雄得了风寒感冒，刘鹏心里惦念，没有和平时一样加班，下班后便到十里长街的中药铺抓了药，赶回家陪着父亲。

刘老先生虽然古稀已过，却还是思路清晰、口齿清楚，经常

看报关心国家大事，每周还会抽出一两天到实验室去转转，看看那些心爱的研究器材，偶尔也动手做做实验。

这几天刘治雄因身体不适，只得躺在家里，精神头大为颓废。请医生看了，说需要慢慢调理。感冒虽不是大病，不足为惧，但病人终究年长，经不得折腾。眼见着刘老先生连粥饮都少了很多，一家人心里很是着急。

刘鹏端着一个盘子，盘中乃一碗清粥和一碗中药，来到父亲的床前，此刻，刘老先生正半睡半醒着，刘鹏唤了一声，老先生张开眼来，含笑道："鹏儿这么早回来啦。"

刘鹏扶父亲坐起，拿了两个枕头垫在他背后，服侍父亲喝了几口粥后，又服侍其喝药。许是喝得有点急，老先生一时呛咳了起来。刘鹏赶紧在他背上轻轻拍了几下，又顺了顺胸口。过了一会，刘老先生总算平息下来，便靠着枕头轻轻喘气。

将被子掖好，刘鹏在床前的方凳上坐下来，握着老父亲虬枝般的手，看着他略显浮肿的眼睑和花白的头发，不禁心酸道："父亲，这段时间晨昏气温相差大，你可记得加衣。看看这次受凉了多难受，你可不是年轻人了，也该爱惜自己的身体才是。"

刘老先生无声地笑了笑说："你别说好听的话了，什么叫不是年轻人了呀！我明明就是老朽之躯，已是风烛残年啦！"

刘鹏笑慰道："哪里的话，在我心里，父亲可一向都是临风的玉树呢！"

"你呀！古人云，人生七十古来稀，我都75岁了，看到你们几个有今日成就，还有什么遗憾的呢？能多活一天都是上天的恩赐。"

看着安详且从容的父亲，刘鹏百感交集，不禁想起一直梗在心头的那根刺，便问："父亲，你真觉得没什么遗憾的事吗？"

知子莫若父。刘老先生看着眼前的爱子——刘鹏向来是他的骄傲，见他眉端微皱的样子，早已心若洞火，便拍了拍刘鹏的手，缓缓道："鹏儿，人活世上，孰能事事满足？但求尽力而为，若心有所想，便去为之，不管结果如何，尽力了便是心安，可矣。"

心有所想，便去为之，尽力了便是心安。

父亲的话对于此刻的刘鹏不啻醍醐灌顶，一刹那他便不再犹豫了。

次日，刘鹏便抽空开始收集自己的相关材料，整理好后提交到台州地区法院，正式提出平反要求。

但这个要求在台州地区法院却没有通过。法院认为在"文化大革命"时期，冤假错案本就常见，大部分人被抓进监狱，关了就关了。再说现在刘鹏已经回家，回归了正常的生活工作轨道，没必要平反了。

"文化大革命"中被错抓误抓的人太多，真正得到平反的也仅仅是一部分而已。

不得不承认，台州地方法院的看法，其实也是当时的普遍观念，怪不得他们。所以，刘鹏的材料便被撂在了一边，无人问津。

等了一段时间，见法院没有给出满意回复的刘鹏却没有放弃，未几，他又将材料提交到了浙江省委。

浙江省委领导看到这份材料后，非常重视，因为此时的刘鹏和他带领的有机化工厂已声名远播，省委领导对其事迹和贡献早有所闻。

于是，当时的浙江省有关领导在平反材料上签字，同意刘鹏平反。而后省委办公室以书面形式发布此讯，并在浙江日报发内参，要求落实刘鹏平反一事。

可台州地方法院认为这不过是走走形式而已，没有引起重视，也没有正式进行平反公示。

台州市委项书记得知此事后，大为不快，他立即动身赶到法院。找到负责人后，项书记把事儿一摊，说："你们赶快给办了吧！"

法院负责人不以为然道："项书记，这事儿我们早知道的。刘鹏早已回家过上好日子了，还混得风生水起，平反不平反根本不重要。再说了，即使平反也补不了他坐牢的那25个月时间，对不？"

项书记生气了，他一拍桌子说："你们呀，怎么就不理解呢？人家要的是一个说法和正名，是一个心理的认可。我不管你们怎么想的，刘鹏是对国家科技做出了重大贡献的，是我们地区难得的人才，他的事情必须解决。"

法院的负责人笑着说："项书记，这件事我们再深入了解一下，您先回，我们一定会考虑您的意见的。"

项书记可不是那么好忽悠的。他一屁股坐了下来，摇着头说："我不走。你们不把刘鹏平反的事给落实了，我就不走了。你们一天不落实，我就坐这儿一天，两天不落实，我就坐两天，看你们怎么办事，哼！吃饭钱我自己掏。"

就这样，1986年，刘家终于等来了一个好消息。

台州地区法院公示：刘鹏在以往的工作和生活中没有犯过任何错误，其受到的不公平待遇是错误的决定所致。鉴于事实，地区法院做出给予平反的决定。

至此，刘鹏才算是正式得到了平反。

平反的第二天晚上，刘鹏和父亲刘治雄及家里的几个亲朋好友在一起好好地喝了几杯酒，心里的最后一份不适终于烟消云散了。

坤厚载物，德柔垂祉

1986 年，刘鹏一家正式被平反。刘鹏和其父刘治雄曾落实政策回到路桥化工厂，虽然平反后生活和工作并无多大改善，但对经历了无数风雨的刘治雄老爷子来说，这却是一件人生中的大事。此生无憾矣！

刘老爷子一声长叹，回首风雨飘摇的岁月，教过书、经过商、从过政、种过地、下过狱……人生百味，不一而足。

那么多年来，无论在什么困境之中，老爷子都一直坚持自己喜欢的科研事业。对于他来说，什么省劳动模范、科技进步奖等都不是最终目的。那些填补了国内空白的研究成果早已让他蜚声化工领域，他的最终目的是用自己的一颗赤子之心回报国家。

这一年，刘鹏担任了黄岩县第一任商会会长，借着平反后的春风，刘家自然是花开遍地。时年 76 岁的刘老爷子跨洋过海去看女儿，另一面也是为了看看美国这个世界帝国的风貌。

这时候的美国，无论机构格局、风土人情、环境设施、文化背景，和国内有很大的区别。老爷子此番出国，将迥然不同的社会风貌看在眼里，不禁思绪万千，饱经沧桑的眼神中不由得焕发出鲜活的生机。距离感和使命感提醒他：一切大有可为。

归国后，正好有个会议邀请他做主旨演讲。

刚刚见识了拥有世界顶尖的国力的美利坚合众国的实况，此刻对历经磨难的国土和尝尽了酸甜苦辣人生百味的乡亲，刘老爷子的万分感触便喷薄而出。于是他一开口便刹不住车，天马行空、口若悬河。是这个改革开放的环境让他有了从未有过的放松和舒展，他恨不得将自己的一颗心翻出来给世人看，看里面究竟有多少情结、多少牵挂、多少忠告……

会议原定给刘老爷子 20 分钟的发言时间，可全神贯注倾听的观众没有发现，会场工作人员也没有发现，老爷子自己更没有发现，秒针已经悄悄地转动了四十多圈……

即使再多给他 40 分钟，不，4 个小时、4 天……又怎么能说得完他那艰难曲折而又精彩丰富的一生所积累下来的感悟呢？又怎么说得完他对事物变化更替的认知和对中西方差距所唤起的改革发展的迫切感受呢？

当全场都沉浸在刘老爷子苍老但激情的声音里时，一阵眩晕袭击了老人。随声挥舞的手突感无力，舌头也无法灵活地转动……脑出血以汹汹之势击中了刘老爷子。

这一坏消息在极短时间内就传到了地委领导的耳朵里。领导非常关注，指令要全力抢救。台州各地立即紧急调动医疗专家对他进行救治。但因年事已高，颅内出血量很大且病情凶猛，终究回天乏力，刘老爷子就这样撒手人寰。

刘治雄老爷子去世前曾留下一篇文章，其中有一段话："我感激又惭愧。自我参加工作以来，已过去半个世纪了。我做的事情太少，只凭一颗赤子之心，甘为孺子牛而已。党给我的荣誉实在太多了。我深知余日无多，但愿在这风烛残年里，继续做些力所能及事，鞠躬尽瘁，死而后已。"

看着老爷子合上双眼，一如安详睡去，守在床前的刘鹏悲痛万分。他俯身拿起床旁的一张书笺，上面是父亲去世前送给他的一首诗——陆游的《六艺示子聿》：

六艺江河万古流，吾徒钻仰死方休。
沛然要似禹行水，卓尔孰如丁解牛。
老惫简编犹自力，夜凉膏火渐当谋。

大门旧业微如绵，赖有吾儿共此忧。

刘鹏知道父亲的夙愿，就是重建一利厂。

和祖父刘剑郎去世时一样，尽管刘鹏兄弟三人想从简置办父亲的丧事，但出葬之日，乡邻与刘氏宗亲们却自发用了当地最隆重的礼节——九根龙头杠，将刘老爷子抬上山。

上山之时，愁云惨雾、悲声穿林乡亲父老自发前来送葬，估算有八九百人。男女老少中，有刘鹏相识的，有面熟但叫不出名字的，也有不认识的。

紫檀隔凡尘，浮屠五色新。身穿孝服的刘鹏默默地走着，听得有人在叹："刘老此生，可谓盖自平生来，功行勤积累，做事唯精唯一，为人宅心仁厚，无怪乎人心所向，送者众多也。幸赖后继有人，几个儿女皆有成就，其二子刘鹏就是。其处世为人，大有乃父之风，老爷子也算是走得安详了……"

刘鹏泪眼望天，父亲的嘱咐言犹在耳："利虽不得博于物，要其心之厚于仁。"

不计前嫌

农历九月初九，重阳节。

杨大头坐在一张老旧的矮竹椅上，瞪着一双满是红血丝的水泡眼，愣愣地盯着眼前煤球炉上的铁锅，眼神涣散。炉子上煮着的粥溢了出来，锅盖一掀一掀的，发出"砰砰"的响声，他却熟视无睹、充耳不闻。

"大头、大头——"站在对面廊下穿着白背心的老张一边擦头颈上的汗一边喊他："大头，你还愣什么呢，粥都快烧焦了。"

杨大头这才醒了过来，手忙脚乱地将锅端到地上，跟着去房里拿了个搪瓷罐，将粥盛出来，用网丝袋装了，关上门就走。

"大头，去医院看你老婆啊？"老张关心地问。

"嗯，是，她吃不下病号饭，给她送点粥。"

"你看你，心思到哪里去了？也不带个勺子。"

"哦，哎——"杨大头转身掏钥匙，"老了，不中用了，越过越不像样……连儿子都管不住了……"

老张看着杨大头的背影，张了张嘴，想说点什么，但又觉得无话可说，只得长长地叹了一口气。

"也是可怜，以前那么风光的杨大头，现在被儿子搞得差点家破人亡。"不知道什么时候走出门来的张嫂看着对面孤零零的煤球炉说，"俗话说好死不如赖活着。大头老婆也真是的。那么多年积攒了不知道多少钱呢。儿子没事做当然只能靠老爸老娘养着，快三十的人了，玩个姑娘自然是要钱的。大头老婆这么小气，儿子要点钱就喝农药寻死，也太想不开了。"

"想不开?他家儿子又不是一次两次了,总在外面和些流氓在一起,花钱如流水,大头就是以前再风光,哪经得起这么折腾?家底早就被掏空了!这小子也是没良心,他老爸老娘对他那么好,居然下手打老娘。"老张皱着眉头道。

"他儿子那个横脾气,还不都是他们夫妻俩宠的?想当初我们家没饭吃的时候,他们家三天两头吃肉,他儿子阿志长得牛高马大,咱家的小青从小营养缺乏长不了个,老是被阿志欺负。"

"他儿子打小欺负人欺负惯了,长大了也没地方敢要他。大头凭关系安排他儿子到厂子当工人,结果啥事不干。伙计们说他,他却把搭班的伙计打成重伤,好嘛,这就打进班房里去了。好不容易出来了,可谁敢要他?一年多了,到现在都没工作。"

张嫂有点幸灾乐祸地撇了撇嘴说:"老话说得好,恶人自有恶人磨。谁叫杨大头以前专门做坏事,连鹏哥那么好的人他也尽往死里整。"

"要说这个,杨大头确实不像话。"老张提起旧事,不禁厌恶地吐了一口唾沫,"鹏哥那时候下放在我们村里,帮忙办工厂造产品赚钱,简直是我们村的恩人。他杨大头也是得了好处的。大革命刚开始,他就把鹏哥第一个拉出来批斗,将鹏哥一家人搞得不得安生,还联名上书要判鹏哥死刑,这人啊,鬼迷心窍起来,神仙都拿他没办法。"

"就是就是,"张嫂摇着头说,"你看看现在,鹏哥东山再起,成了商会的会长,他那化工厂现在不得了,评为全国大信用企业了。"

"你呀,土!不懂别乱说,那不叫大信用企业,那叫重合同守信用企业,全国没有多少的,呵呵。"老张笑着纠正张嫂。

"就是这个,"张嫂一拍巴掌说,"过去的老街坊老邻舍有困难,去和鹏哥一说,谁不是多多少少得到些帮助的?咱家小青就是让鹏哥安排了工作,吃上一碗安稳饭,还娶了金花进门的。"

"哎，谁说不是呢，鹏哥这人真没说的。"老张一脸的崇敬，"现在一些办厂的人有事也去求鹏哥。上次那家做印刷的厂说征地遇到了钉子户，是鹏哥帮忙做工作才办好的；那家饭店的几个股东吵架，也是鹏哥出面给讲和的；听说政府企业亏空改制的事也是请鹏哥出面处理的，鹏哥的为人可是杠杠的呀！"

"那是，本来凭鹏哥的为人和本事，杨大头家的事……"

"杨大头当初差点整死鹏哥，更没少迫害鹏哥一家人，这事鹏哥能理他才怪！换了我，不落井下石已经算是仁至义尽了。"老张粗声粗气地打断张嫂的话。

"也是的，换了我是杨大头，也没脸皮求到鹏哥面前的。"

"快下雨了，"老张看了看天，又转过头看了看对面。"杨大头去医院给他老婆送粥了，我还是把他的煤球炉提进门里来吧，炉子里进了水的话就不好起火了。"

农历十月初三，小雪。

工作了一天的黄岩县第六届政协常委、侨联副主席刘鹏一手拿起公文包，一手拿起衣帽架上的西装，准备离开办公室，他约了几个朋友一起吃晚饭谈事情。

办公室的门轻轻响起，跟着一声谦恭的声音也响起："鹏哥……"

刘鹏止住脚步。穿得整整齐齐的杨大头站在门口，中山装的扣子直扣到脖子下，越发显得头大了。杨大头脸上挂着感激又忐忑的笑容，手上提着一只网袋，网袋缝隙里露出麦乳精、甲鱼以及别的礼物。

"哦，是大头啊，进来坐，有事吗？"

"鹏……鹏哥，我就是来……来谢谢你的。我家阿志到你的厂里上班后改变了很多，不但能赚钱了，昨天还给了我和他妈钱用，我……我这……"杨大头说着，鼻子不自觉地酸了，眼睛一红，泪星子也跟了下来。他一边将手里的网袋往桌子上放，一边伸手拿袖子擦眼睛，不料呼气时，鼻腔里冒了个泡泡出来，他一下子尴尬起来。

刘鹏笑着递上一块手帕说："阿志妈身体还没复原，这些东西还是留着给她吃吧，我就不用了，你还是拿回去吧！"说着将网袋重新塞回杨大头的手里，拍了拍他的手臂说，"大头，我们是多年的交情了，客气什么呀！"

杨大头一听到"交情"这两个字，几滴汗就冒了出来，眼睛又红了："鹏哥，我当初……鬼迷心窍了那么对待你，你却大人不记小人过……还这么帮我，你救了阿志，就等于是救了我们全家呀！鹏哥，我……我……我真恨不得把这把老骨头都送给你……"

"做人呢，能帮就帮，你家阿志也是我打小看着长大的，帮他是应该的。"刘鹏转身拿起桌子上的一本地图递给杨大头，"大头，这事儿你别放心上了，这本地图你带去给阿志吧，叫他看熟，以后跑业务用得着。"

"鹏哥……"杨大头哽咽着不知道说什么好。

"我和朋友约了一起吃饭，你有空的话要不要一起去喝一杯？"刘鹏笑眯眯地拿起公文包……

三辞"官"职

想当年，刘备三顾茅庐请诸葛亮出山当官，终于用真诚打动了诸葛亮。如今，刘鹏也遇到了这等好事，县里和地区三番五次请他出山当"官"，可他坚持"不当县长当厂长"，还总是笑说自己不是当官的料。

1988年的一天，日头刚从南边往西偏的时候，老蒋便骑着自行车，不歇气地往话月巷赶。他心里乐滋滋地想：这大好的事儿落在鹏哥头上，鹏哥就要当大官儿了，今晚可得请他喝一顿好好庆祝庆祝。

想当初自己老爸去得早，老娘的眼睛得了白内障没钱治，家里穷得叮当响，开着门睡觉都招不来小偷，三十好几了还没有姑娘肯嫁给自己。直到跟着鹏哥干活，短短六年时间，钱赚到手了，娶了个知冷知热的老婆，还生了可爱的女儿，老娘的眼睛做了手术后也越来越亮。现在自己五十多了，日子过得有滋有味，女儿也出落得如花似玉。最招人羡慕的就是女儿对自己很好，怪不得人家都说女儿是老爸的贴心小棉袄呢。想到这里，老蒋差点笑出声来。可他又一想，哎，其实真该好好地谢谢鹏哥，可鹏哥什么都不要，自己给得起的他都有，实在不知道该怎么表达谢意。所以老蒋固执地叫比自己小三岁的刘鹏为鹏哥。这会儿得知台州市委准备任命鹏哥为新成立的乡镇企业局局长，他便喜滋滋地跑到刘家报喜来了。

乡镇企业局局长，这肯定是个很重要很重要的官。听当县长秘书的表侄子说，现在整个黄岩县正在搞股份合作经济，大力促进乡镇企业发展，打造具有台州特色的经济发展新路子。这是个战略性布局，是在全国都有影响力的事情。想想看，全国性的事件，万一要干好了的话，岂不是能上广播、上报纸、上电视？假若鹏哥当了这官，那肯定会一炮打响，惠及全县。那时候，嘿！一不小心可能就会成为全国闻名的人物了，名人呀！

老蒋心里一激动，大鼻子便红彤彤地亮了起来，他伸手擦了擦鼻子，深深地吸了一口气，在刘家门口下了车，砰砰地敲响了刘家的大门。

黄岩县委也是在仔细考虑之后才做的这个决定——推荐刘鹏为乡镇企业局局长人选。那是当然了，老蒋想，鹏哥这本领，谁知道了不跷大拇指啊！

正想着呢，"吱呀"一声，刘嫂开了门。进门后老蒋才得知鹏哥不在家。想想也是的，这会儿鹏哥肯定在化工厂呢，都怪自己乐昏了头。老蒋敲了敲自己的脑袋，转身又跨上车，往化工厂赶去……

"啊？鹏哥你说什么？"

"我呀，没准备当这官儿呢，真的。"

"鹏哥，你……你……你真的不想……不想当这官？"老蒋目瞪口呆地盯着正从高压反应罐边抬起身来的鹏哥，半晌后又结结巴巴地问了一句。

刘鹏点了点头，拍了拍老蒋的肩笑道："老蒋你现在信息越来越灵通了，你那表侄子告诉你的？"

"是啊，国强说上面领导都讨论过了，这局长的人选你鹏哥最合适。"

"国强挺上进的，不错不错，好好干准有出息。"

"如果不是当初你资助他上学，他能有今天？"

"那也要他自己肯学才行，一头牛吃得再好，也认不了字啊。哈哈哈……"

"鹏哥，这乡镇企业局局长……"

"我已经仔细考虑过了，我还是当我的厂长好，这局长呢，自然会有更合适的人去当的。"

"好吧好吧……说真话，鹏哥，你当局长我高兴，你不当局长还当我的厂长，我更高兴。只是觉得可惜了你……"

"你呀！谢谢你，老蒋兄弟。我舍不得离开我们这厂呀！"

老蒋推着自行车往厂门口走去，心里百味杂陈：舍不得离开，我也舍不得鹏哥你呀。可这大好的官儿居然不当，也太舍得了呀！要说，换了我是鹏哥的话，这局长是当呢，还是不当呢？呸……我也得有那本事呀，不操那心了……这样也挺好，起码鹏哥还和我们在一起，心里踏实呀！

东岳庙门口戏台前的长板凳上，老蒋和几个哥儿们伸长脖子，一边张望一边闲聊着。

"台州的乡镇企业局副局长。整个台州地区呀！可比黄岩县的官儿大多了！听说还是黄县长亲自向上面推荐的呢。咱鹏哥这本事……县太爷可真是慧眼识英才啊！"

"今天可是县里的父母官亲自来请鹏哥出马的，想来鹏哥这次总会答应了吧？"

"老蒋，你脖子伸那么长干吗？你就是伸得再长也不可能将脑袋拐进鹏哥家的。老林在话月巷门口看着呢，有消息了肯定立马告诉我们哥几个的，放心吧！"

"我就是怕鹏哥这次又不同意……"老蒋皱着眉头说道。

"不可能！我就不信这么大的官鹏哥就不心动。要不我们打赌？我输了送一包大前门。"

老蒋的眼睛亮起来，一拍凳子道："打赌就打赌……如果鹏哥答应当官了，我输一桌酒席，就当为鹏哥祝贺。"

第二天，老蒋拿着赢来的那包大前门，垂头丧气地喃喃自语："鹏哥呀鹏哥，那么大的领导出面请你你都不答应，我老蒋宁可摆一桌酒席，也不想赢这一包大前门呀！"

1989年的一个晚上，七点地委项书记刚捧起饭碗，办公室的门就被推开了。组织部的陈部长端着碗面就进来了。

"就知道你还没吃饭，让我看看，有什么好菜，我蹭点吃吃。"陈部长笑嘻嘻地将面条放下，往项书记面前的碗里望了下，一脸的失望，"和我一样，也是食堂里的面条。"

"你呀！"项书记哑然失笑，"连吃个饭都无法安生。说吧，找我又有什么事？"

"还是被你看破了！"陈部长拿着筷子在桌子上顿了下，期期艾艾地说，"是关于三门县的副县长人选……委实决策不下。"

"哦？！"项书记抬起头，将口中的面条咽下后说，"三门县是农业和渔业为主的县，经济发展比较滞后，你可得好好甄选甄选，必须是有经济头脑、胆大心细又有真才实学的人才堪当此任。"

"项书记，你说得对。问题是有经济头脑的人往往不够大胆，够胆量的又未必有真才实学，有真才实学的又没有领导经验。我找来找去，没有合适的人选啊！"

"这……嗯……那个，那个办化工厂的刘鹏，路桥的，我看就挺合适的。"

"哈哈……果然逃不过你的火眼金睛。不过……项书记，刘鹏他没有在政府机关任过职，恐怕……"

"没在政府机关任过职怕什么？中央组织部强调今后干部选拔要向知识型专家型人才靠拢。刘鹏目前是企业界的龙头人物，而且他在企业界人脉极好，在台州各县一呼百应。现在三门最缺的就是这样的经济领军人物。将刘鹏放到三门，那就是人才资源的最大化利用。"

"有书记你这话，那我就放心了。"

"你呀你呀，你这个老陈，可别说你没动过他的脑筋。"项书记用筷子指了指陈部长，大声笑道，"你就是想借我的嘴巴说出来吧？"

"嘿嘿……"陈部长笑着点了点头，拿起筷子赶紧吃了几口面，一边吃一边嘟囔着，"项书记，你说我们这食堂的伙食是不是该改善改善？这面汤也太寡淡了……我办公室有我老婆做的酱萝卜，你要不要？……不要啊！那我回办公室吃去，你也早点回家。今天不是你丈母娘来看你了吗，你总得回去露个面吧！"

"今晚还有几项工作要梳理，就不回家咯，丈母娘有我老婆陪着呢，我就住地委招待所。明儿我还要到上面开个会，来来去去怕麻烦。"

"那你忙，我走了……"

一回到办公室，陈部长便拿起了电话："喂，黄岩县委吗……"

天还蒙蒙亮，台州地委招待所院子里的水槽边，一个瘦高的中年人正在低头刷牙。他袖子卷得高高的，看起来聚精会神、心无旁骛，但此刻他脑子里正思考着今天开会要谈的事。

"请问项书记在吗？"一个富有磁性的声音响起。

刷牙的中年人抬起头，打量了一下眼前的人：四十多岁，个子不高但身材挺拔，风尘仆仆但精神抖擞，神情急迫但言语从容……

"我就是，你找我有事？"

"项书记你好！不好意思这么早打扰你，我叫刘鹏，听说你今天就要去省里了，所以只能现在来找你说明一下我的情况……"

"哦——原来你就是那个刘鹏呀——"

老蒋闭上眼长长地吸了一口烟，再缓缓地吐了出来，一缕白色的烟雾渐渐弥漫开来："这烟好。鹏哥，是什么烟？"

"云烟。你觉得好的话，这包，还有这一包，拿着抽吧！"

"鹏哥你又给我烟，我平时也抽得不多……"

"和朋友一起的时候难免要递几支的，你就拿着吧，不过在家里要少抽，要不然你女儿要说你，哈哈……"

"鹏哥，经过前两次后我知道你不想当官，可这次地委书记点名让你当副县长你都不当，你跑去找他后是怎么说服他的呢？"

"我呀！我就说，谢谢书记对我的肯定。每个人都有自己的定位，我和我的父亲一样，从事化学研究工作时觉得其乐无穷，办企业只是为了让更多人能更好地生活。从政固然会让一个人收获更多，但也容易让人分心和迷失自己。走对路子、找对位置，这是我刘鹏真正想要坚持的理念。就让我在现在的位置上走我想走的路子吧！书记看看我，就同意了。"

这就是鹏哥历经的政治桥段，没有跑官走官的内幕，也没有明争暗斗的篇幅，他坚韧、执着、从容、淡定地告诉所有人：走对路子、找对位置，才是一个人该做的事情。

不过，十余年之后，我们的鹏哥还是当了个官——1990 年 4 月，黄岩政协换届，刘鹏当选为黄岩政协副主席。他说："而今我年过半百，已知天命，事业也算成型了，我应该多发挥自己的作用，为群众多做事、做好事。"

此后，他在政协的位置上一坐就是多年。

第一任掌门人

2017年11月1日，位于路桥城区中心的中国日用品商城完成了它的历史使命，即将退出历史舞台，实施整体拆除。原址上将建造一个高档居住小区。

1994年1月19日，中国日用品商城在路桥的一片农田中拔地而起、耀世登场，以灌耳之声、磅礴之姿成为东南沿海的商都标志性建筑之一。此后几年，商城的经营规模和业务迅速扩张，成为浙江省三大服装批发市场之一，进而位列全国十大商城之第七位，成了浙东南小商品井喷的集散地。

商城设有六大交易区，有潮流服装、精品、童装、针织品、床上用品、箱包鞋帽等专门的交易区域，为经营户和零售市场提供了极大的便利，同时也成了创税大户，还荣获"全国诚信经营示范市场""浙江省重点市场"等称号。

火车跑得快，全靠车头带。缔造这商城神话的火车头，就是原中国日用品商城的第一任董事长——刘鹏。在老商城搬迁之际，台州电视台参访了他。银屏上，年近八旬的刘总精神矍铄，他说："自商城23年前成立以来，繁华不断。商城共占地120亩，面积约10万平方米，当时在全国都赫赫有名，无论从规模、经营理念来说都是超前的，在全国十大商城中排名第七。商城从1996年就开始搞电子商务，阿里巴巴的马云曾主动来到商城寻求合作意向。"刘总同时指出：老商城在城区居民区的环抱中，周边的交通设施已经很难满足商城日渐增速的货运量，从空间、消防及安全的角度出发，搬迁到新商城是一种发展的需要。商城搬迁后，不但会延续原来的繁茂，而且还会有更进一步的发展。

这幢成为台州商贸服务业主流画卷的商城缘何有着这么强大的竞争力，要从刘鹏接受日用品商城董事长职务的那一刻说起。

路桥建起日用品商城后，一直是工商局在管理，如此一来，市场管理者和市场承办者为同一部门，容易出现弊端。路桥区委区政府决定实行管办分离，于是四处物色商城首任掌门人。经过各方面的考察和衡量，他们最终研究决定将时任区政协副主席的商界精英刘鹏调任商城主政，委以董事长兼总经理的重任。

区委区政府之所以如此考虑，一是基于刘鹏在台州企业界的地位不可动摇，二是考虑到他正直清廉、公私分明，三是刘鹏本身有着公认的管理办事能力。

子曰："有才无德，小人也；有德无才，君子也；然德才皆具者，圣人也。"可见德才兼备的人实在是凤毛麟角。在识人用人这一点上，路桥区委区政府确实有精到之处。

当区委周书记和王区长找刘鹏谈话，请他出任商城董事长一职时，刘鹏的第一反应是不接受。原因有二：一来他自己的金鹏化工厂此时正是如火如荼之际，他舍不得丢下不管；二来他觉得自己是一个做科研的学术研究者，而商城董事长却是一个商业管理者的角色。但区委领导哪里肯轻易放弃他？经过几番劝说后，行事沉稳、不求高位的刘鹏有点犹豫了，恰好此时，他到台州市里开会，碰到台州市第一任市长朱市长。刘鹏就把自己的情况向朱市长说了一下，朱市长一拍他的肩说："政府既然叫你当，那就证明你有这个能力，不要犹豫了，你就当吧！"

就这样，刘鹏当上了商城的第一任掌门人。他将自己的金鹏化工厂交给弟弟刘万章后就走马上任，从此书写了中国日用品商城的辉煌篇章。

旧商城从呱呱坠地到如今已经走过了23年多的岁月，这期间，刘鹏就像对待自己的孩子一样精心呵护着她，哺育她长大。她清楚地记得刘总付出的无尽心血和辛勤汗水，使得其以"买全国卖全国"的洪亮声音傲然挺立，引领着整个市区的潮流导向；同时她也记载着一代路桥人的创业年华，造就的无数个百万富翁，并牵引着新时代的梦想之光。

在一片稻田蛙声中矗立起来的商城，一度成了城市的中心。可以想见，商城不仅仅带来了商业的繁荣，也推动了城市化进程的加速。如今，在一片赞誉和沉湎中，商城逐渐淡出人们的视线，同时也成了根植在无数路桥人血脉中的记忆焦点。

顺应时势闯难关

路桥历来就是商贾云集、车辆辐辏之地，流经路桥城区的南官河不分昼夜，河上帆船机器轰鸣、桨音橹声咿呀，河两旁，叫卖声、讨价还价声不绝于耳，依河而建的十里长街自明代开始就商贾云集，如今早被列为"省级历史文化保护区"。整个路桥向来就有着"无街不市，无巷不贩，无户不商"的美誉。聪明勤劳的路桥人民对经商有着异乎寻常的敏感和追求，随着国家经济政策的放开，很多路桥百姓纷纷参与了小商品制造，一时间，路桥小作坊纷呈、小商铺林立，逐渐形成集散地，从而诞生了位于永跃村的路桥小商品市场。这个村办的小商品市场每天早上三四点开始就人头攒动，人声鼎沸，商品交易非常活跃。村集体靠出租摊位，年收入就超过亿元，成了远近闻名的富裕村，可见其市场的发展潜力巨大。路桥小商品市场在日用品商城建成后被称为老市场。

随着改革开放的步伐日渐加快，市场经济日益活跃，路桥小商品市场成交额逐年提升，但因设施简单又无明确分区，无法满足日益暴增的人流量，所以才有了中国日用品商城的诞生。正因为有老市场的繁茂，所以日用品商城经营管理的压力更重，若是因管理不善而无法延续老市场的上升势头，将会招致众人非议。

在这种压力下，刘鹏带着麾下仅有的四个人组成商城筹备组，进驻中国日用品商城，令他没有想到的是，首先碰到的难题不是经营和管理，而是权力交接中的阻力。

路桥区原属于黄岩县，而商城原属于工商局管理，商城管理者、工商局班子成员哪里肯甘心将总资产达两个多亿的商城的管理权双手奉上？于是刚上任的刘鹏就碰到了这样那样的沟沟坎坎。

商城筹备组没有办公室，交接者给出的答复是没有空余房间。偌大一个中国日用品商城竟腾不出一间给老总办公的房子，刘鹏一听就知道这意味着什么，但他没有立即发作，而是带着筹备组成员在租来的振兴针织厂安置了下来。

振兴针织厂离商城还有一段路，对于需要时刻关注商城变化、经常记录和整理资料的筹备组来说非常不方便。刘鹏在走遍商城的角角落落后心里有了底。他看上了两个房间，是党员活动室。

思想上要求进步那是谁也不能拦阻的，所以在刘鹏的坚持下，筹备组搬进了党员活动室。终于有了个办公的地方了，但是商城筹备组的牌子可不能挂在党员活动室门口，于是就挂在了电梯的出入口处。刘总说这样一来可以告知大家筹备组的存在，二来在加深大家印象的同时，也能提醒筹备组成员要时刻牢记自己的任务。

万事开头难，刚上任的刘总日理万机，四处要政策、找机遇、寻商路，忙得脚不沾地。一天，他正赶往黄岩办事，车到十里铺的时候接到了手下人的电话，说工商局准备把筹备组挂在电梯口的牌子给摘了。刘鹏心头火起，二话不说调转车头回到商城，跑到电梯口筹备组的牌子前，大声喊道："我刘鹏今天就在这里，哪个说要摘了我的牌子的？站出来，我看谁敢！"

声若洪钟、势如排山，刚上任的刘鹏偶露峥嵘，他并不伟岸的身躯散发着无法撼动的强劲气势，鹰隼般的目光中有着让人不敢直视的锋芒。人口密集度超高的商城从来不乏围观者，这时电梯口早已是里三层外三层了。

刘鹏一顿大喝后，现场鸦雀无声，静肃到绣花针落地可闻。

没有人敢接一句话，也没有人敢向前挪一步，就这样，筹备组的牌子依然在电梯口被瞩目。

有了落脚的地方，刘鹏起早贪黑地忙碌在商城的事务中，他大刀阔斧地进行改革，实行商铺招标政策，调整商品布局（六大经营区域），深化改革进程，拓宽管理思路。商城也如他所愿发展迅猛。

每日天还没亮，商城六个区域内就人头攒动、摩肩接踵，讨价还价之声沸反盈天，即使寒冬腊月也是一片热气蒸腾之势。台州各地，包括临海温岭玉环三门等地的零售商户，都赶到这里批发进货。

看着眼前的一片热闹景象，刘鹏不禁宽怀地笑了，他摸了摸口袋里的香烟，有点上一支的冲动，但他还是忍住了。在这个货物密集的地方，禁止吸烟，是他自己规定的。

标准普通话

中国地域广阔，汉族在发展过程中出现过程度不同的分化和统一，因而使汉语逐渐产生了方言，如官话方言、吴方言、湘方言、客家方言、闽方言、粤方言、赣方言等。2000 年 10 月 31 日，《中华人民共和国国家通用语言文字法》才确定普通话为国家通用语言。

台州属于吴方言语系，但是台州 9 个县市区的说话口音又差别很大。台州话中"张、蒋、姜"不分、"黄、王"不分、"胡、吴"不分……台州各地许多方言特别难懂，外地人来到台州，往往最难受的就是听不懂语言。在台州，上了年纪的老人基本都不会说普通话。据说有一位台州籍领导交流到省内其他市任职，第一次召开领导干部大会，他讲话一个多小时，除了一开始的"同志们"三个字与会的人能听懂外，其余根本不知道他在讲什么，简直比外语还难懂。造成这一现象的原因主要还是"文革"时代教育断层，中小学的老师自己也不会汉语拼音，不会说普通话，直接用方言教学，学生自然也就不会说普通话了。

但也有人例外。

1997 年 1 月的一个夜晚，一列从哈尔滨开往上海的火车轰隆隆地穿过广袤的原野，在寒冷的冬夜里画出一道热腾腾的旅程线。列车上的旅客大多昏沉沉地打着瞌睡，间或有人睁开困顿的眼睛迷茫地看看周围，然后皱着眉头看看黑咕隆咚的车窗外，随即吸着鼻子打着哈欠又继续垂头闭目养神。快过年了还在外面奔波的人，总有着这样那样重要的事情，是负担与责任，更多的也许是无奈。

漫长的行程无疑是养精蓄锐的好时候，但在五号车厢一个靠窗的位置上，一位穿着衬衫的中年男子却和大家不一样。此刻他正拿着一个本子和一沓纸在认真地看，像是在对比什么数据，丝毫不见困怠的神情。他看得太专注了，以至于车窗外一束灯光乍然闪入眼中时，他猝不及防地眯了下眼睛，过后仔细一看，原来是列车进入了一个小站。

几分钟后，一个三十五六岁的圆脸男子拖着大大的帆布包挤进五号车厢，走到中年男子的那一排，嘴里嘟囔了一句："是嘎达来。"然后把帆布包往座位底下一塞，也不管那包还有一大半露在过道上，便一屁股坐在了中年男子的身边，长长地舒了一口气。

中年男子往里让了让，又将桌上的本子和纸张收到一起，腾出一片空来。圆脸男子从包里取出保温杯，用手擦了擦上面亮铮铮的商标。杯子看起来很高级。他侧过身看着中年男子，操着一口半生不熟的普通话，自来熟地打起招呼："兄弟，文化人啊，嘎夜哦还看书啊？"

中年男子说："哪里啊，也就是看点东西，不算什么文化人。"他的声音很有磁性，普通话也很标准。

圆脸男子说："阿兄，你绝对是文化人，我看一眼就能猜出个五六分来，听你开口讲话，我能猜出个八九分来。"

"呵呵……看起来兄弟你是见多识广了。"中年男子笑道。

"怎么，你不相信我说的话？"圆脸男子一扬眉，打开保温杯喝了一口水，发出"滋儿——"声。他举起一根手指头指着中年男子说，"阿兄，我同你讲，我见得人多了去了。你这人看起来文质彬彬咯，又加上在看书本，你不是一般人。一般人上火车不是吃就是困，要不就是吹牛皮，你不一样。"

"那我是三般的人。"

"阿兄，你还会讲笑话哦。你讲话不急不慢，听不出方言口音，依我看你要么是北京人，要么是河北、山西，或者山东这厢人，你是当老师的对吧？"

"为什么有此一说呢？"

"因为在你这个岁数，说话不带地方口音的除了北京人，也就只有老师。"

"哈哈……兄弟你真有趣。"

"被我讲对了吧，哈哈！"圆脸男子得意地笑了起来。

"你讲得差了一点点，我是浙江人，台州的。"中年男子微笑着说。

"什么啊？浙江台州人！"圆脸男子惊讶不已，看着笑嘻嘻的中年男子，努力想找回点面子。情急之下，他脑中灵光乍现，便一脸惊喜地说，"台州好地方啊！我以前去过的，我认识你们台州一个很厉害的人，还去他办公室喝过茶。"

"是吗？是谁啊？台州厉害的人还蛮多的。"中年男子附和道。

圆脸男子见中年男子成功被他转移了注意力，刚才的尴尬一扫而空，脸上又光彩熠熠起来，他拍了拍中年男子的臂膀问："浙江台州有个中国日用品商城，你知道吗？"

"哦？！"中年男子的眼睛顿时弯了起来，点头道，"知道。"

"那你肯定听说过中国日用品商城的老总刘鹏吧？"

"呃……刘鹏啊……"中年男子表情丰富起来，"听过啊。"

"听过就对了……"圆脸男子顿了下，又喝了口水，然后得意地说，"刘鹏刘总，这哥们儿是我的朋友，他可是你们台州大大的名人。我同你讲，去年他还请我去台州玩，那个商城名气很大，很热闹的，我们十几个人去，他请我们吃饭，吃那个海鲜呦，喔唷……太客气啦！前几天他还打电话叫我今年再去玩，我要不是实在太忙……我同你讲……咳咳咳……"圆脸男子唾沫横飞，正说得兴起都被一口口水呛住了，忍不住咳了几下。中年男子指了指水杯，他端起杯子喝了口水又接着说，"兄弟，刘鹏这哥们儿本事大得很，自己不但开厂，还把个日用品商城搞得风生水起。好多地方的人都跑去取经，当然也有去蹭吃蹭喝的……我当然不是，我是去谈生意的……咳咳咳……总之，以后你在台州有什么事需要帮忙的话，你可以去找刘鹏，就说是我的朋友，他肯定帮忙的。"

"这样啊，那就谢谢你了！"中年男子笑眯眯地看向了窗外。

圆脸男子见中年男子这副淡淡的神情，不由急了，放下杯子拍拍胸脯说："兄弟，真的，我不骗你，你在台州有什么事的话，你就去找刘鹏刘总，报我吴胜利的名字，就说是我朋友。哦，对了，你叫什么名字？"

"我啊，我叫刘鹏。"

"噗……你是哪个刘鹏？"

"就是你刚才说的，那个中国日用品商城的刘鹏……"

猛药去沉疴　铁腕施新政

作为台州市第一届政协常委的刘鹏，后来成了省政协委员，这不单单是因为他自己的金鹏化工厂办得好，更重要的，是因为他治下的中国日用品商城成了全中国十大商城之一，为路桥乃至台州带来了很大的经济效益和社会效益。

罗马不是一天建成的，商城不是一天成名的。自区委区政府千挑万选选择刘鹏成为商城掌门人伊始，刘鹏所肩负的任务就注定艰巨而复杂。

找到办公场所，名正言顺地进驻商城后，刘鹏进行了大量的资料翻阅、现场观察、走访调查、统计分析等，他发现日用品商城漏洞百出，非但制度匮乏、人才萧条、管理混乱、经营单一，而且还存在贪赃枉法、私卖摊位等现象。特别是财务管理，乃是一笔糊涂账。

有挑战才有成就感！刘鹏一撸袖子拍案而起道："从今往后，看我如何猛药去沉疴铁腕施新政，让商城走上康庄大道名扬四海。"

班子成员召开紧急会议，立即分派任务，确定以下优先要做的事情：

第一，统计商城所有的摊位，评估各摊位的优劣程度并划分等级，向所有经营商户公示推出。实行摊位公平竞争的招投标方法，公开透明，阻断中饱私囊的路子。

其次，制定一系列管理制度，制定岗位职责，要求所有工作人员严格依照制度执行，杜绝吃闲饭混工时现象。

第三，对摊位进行统一管理和秩序整顿，明确经营时间和范围，明确水电消防管理人员，实行划片经营，责任到人。

第四，关注改革开放的新政和资源，把握社会经济发展的脉搏和动向，学习先进的管理理念，引进新的人才和管理模式，同时运用各种平台向外宣传中国日用品商城的品牌，打响日用品商城的成名之战。

第五，总结经验教训，先走对路子然后提升发展速度，制定各种应急预案并落实。

……

有人劝刘鹏："你这么大动干戈，肯定会触到很多人的利益，会得罪很多人。你向来人缘很好，这样对你来说得不偿失。"

刘鹏笑了笑说："《韩非子》里有言：'闻古扁鹊之治其病也，以刀刺骨；圣人之救危国也，以忠拂耳。刺骨，故小痛在体而长利在身；拂耳，故小逆在心而久福在国。'意思是说，古代名医扁鹊在治病的时候用刀子刺入骨头，圣人在挽救处于危难的国家时进献逆耳的忠言。刀子刺骨，只是身上一时之痛，但身体却能得到长远的好处；忠言逆耳，听着心里难受，但国家却能得到长远利益。我这么做，正是为了商城的长远打算，虽然会有一些切肤之痛和难听之言，但我相信，假以时日，大家会理解我的。"

从此……

天还没亮，当打哈欠的保安擦着惺忪睡眼打开商城的大门时，才发现刘总早已睁大眼睛绕着商城走了不止一圈了。他在巡查各处的门锁和物资。

日已过午，站了一上午的经营户们总算能坐下来暂时歇一歇。等他们吃了中饭打着饱嗝开始聊天时，刘总还在商城里四处转悠，制止占道经营等违规现象，浑然不顾办公室里早已冰冷的午餐。

当太阳西沉，一张张笑脸伴着告别的声音走出商城，各自奔向饭桌、理发店、棋牌室时，刘总正一层一层地检查着商城的角角落落。灭火器是否在有效期，楼层电梯和地面是否打扫干净……发现一个烟蒂他都会追查到底，绝不姑息。

那时的投标每次会掀起热潮，那时的财务没少被他查账，那时的警卫没少挨他的骂……

付出总有回报，汗水浇灌出的鲜花格外芬芳。

是年，中国日用品商城的个体经营户急增至 28800 多户，营业额达 3 亿多人民币。一个崭新的商城以傲娇之姿屹立在东海之滨，成为全国瞩目的个体经济落脚点之一。

慷慨解囊，凤凰涅槃

　　路桥区金清镇三涂村，是浙江东南沿海的偏僻的小村庄。说起"偏僻"这个词，总让人想起一些片段：残阳下苍凉的老树、残破的茅草屋、无精打采的野狗……但这个小村庄可不同，在二十世纪六七十年代，因为一个国有工厂——金清糖厂，这里便有了不一样的繁荣。

　　糖在物资匮乏的六七十年代是相当紧俏的。能在糖厂进进出出的工作人员，走在街上都自带光环，那儿的姑娘和小伙子若是还没成家，便有媒婆三天两头上门来。

　　后来，金清糖厂搬迁，原址改成台州造纸厂，也是一个国有企业，一样是人人羡慕的地方。

　　随着改革开放步伐的逐渐加速，传统的国有单位、国有企业的光环渐渐熄灭，"铁饭碗"在残酷而自由的竞争机制下不得不退出时势舞台，国有企业关停的关停、改制的改制，经济浪潮以不可遏制的势头席卷全国……路桥，这个自古以来的商贾之都更是首当其冲，国有企业大多因为经营不善为此或改制或倒闭停业。路桥区委区政府在这个经济转型时期做出的努力是空前的。

　　台州造纸厂的职工不再是人们艳羡的对象了，街上来来往往的脸上洋溢着笑容的大多是一些个体户，他们费尽心思起早贪黑地努力做生意，市场也给了他们丰盛而甜蜜的回报，这些人的生活水平日益提高。

　　1999 年，路桥区领导集聚一堂，讨论路桥区国有企业留下的最后一个难点——台州造纸厂的去路。这家企业已经连续亏损三年多了，再这样下去，今年年底区里的考核就悬了。会议上大家各抒己见、出谋划策，经过各种设想和推断，最后做出了一个决定——卖厂。

可谁会买呢？价格便宜了可不行，厂里职工的安置费和善后费用最少也要一千来万呢！价格贵了，谁会要啊？这年头有钱的都贼精，没钱的又买不起。

"改革都往城镇化发展了。那个破厂，现在没多少业务，房子年久失修、道路坑坑洼洼、周边人烟稀少，好意思卖给人家一千多万？这个……这个买主可不好找啊！"一位领导把大家心里的话给说出来了。大伙儿面面相觑，有点头表示同意的，也有摇头叹气说事儿难办的，各有各的表情……

"找刘鹏吧……他好说话……"不知谁起了个头，霎时一呼百应，"对，金鹏化工股份有限公司的刘鹏，他是日用品商城的老总，找他就对啦！他有能力买下这个厂，也有用好这块地的能力，更重要的是他有公益心啊……"

金鹏化工，自从1976年正式创建以来，开发研制各种粘胶剂、电子化学品、有机中间体等精细化学品，取得了众口交赞的成果；先后被评为"浙江省高新技术企业""国家火炬计划高新技术企业""中国胶粘剂工业协会副理事长单位""科技部产学研促进会新材料专业委员会副会长单位"等，2003年，又被评为"浙江省高新技术研究开发中心"。这是后话。

从一家村办企业发展成乡镇企业，再到国有企业，进而顺应时代潮流成为股份有限公司，这改变发展的过程是和刘鹏在每个时期做出的正确决断分不开的。如今，公司已具有一定规模，占地18万平方米，年销售额2.5亿元。

1999年，当刘鹏正游刃有余地在他的金鹏化工厂里优哉游哉时，他压根没想到，登门拜访的路桥区领导会提出这么一个事情来："刘老，那个台州造纸厂您买了吧！"

"我已过花甲之年，而且目前所经营的金鹏化工厂和日用品商城已经够我忙的了，所以不想扩大经营，买厂的事情还是请区委区政府另寻他人吧！"刘鹏婉言谢绝了。

"刘老，这台州造纸厂的事还得麻烦您，确实也没其他合适的人了，您就出手当帮个忙吧！"

"买下这么大的地方，资金方面所需不少呀，问题是，那地方目前我也用不到，这……还真有点为难了。你们就先不要考虑我了。"此刻刘鹏心里已经清楚这事的来龙去脉了，但毕竟关系到大笔资金和未来走势，他也干脆打开天窗说亮话。

"您是路桥的政协副主席，也是新中国成立以来路桥改革开放经济搞活的领路人，我们不找你找谁呢？都知道您急公好义，我也就不瞒您老了，这非但是我们路桥国有企业改制的最后一关，同时也关系到今年区里的考核成绩。所以呀，区委区政府才找您援手呢。"

"嗯……我考虑考虑再说吧……"

次日，区委副书记上门拜访……

第三日，区长上门拜访……

接着，区委书记上门拜访……

父母官天天登门，刘鹏脸面上过不去，就答应了："好吧，收购了吧！"1250万，成。

过了几天，老企业家们的聚会上，说起金鹏化工收购造纸厂这事儿，就有关心他的老朋友问："鹏哥，你看过那地儿吗？"

"没有啊！"

"那块地周边的设施和道路情况你知道吗？"

"不知道啊！"

"那地用来做什么你有打算吗？"

"呃，还没有啊！"

106

大家哄地笑了起来："鹏哥，你呀！也就你能干这事儿，什么都没了解，一千多万大笔一挥，收购了。"

"这不也是为政府解困吗，能出手帮一把就帮呗……"刘鹏笑呵呵道。

次年夏天的一个下午，刘鹏带着厂里的一帮元老来到金清镇三涂村的黄岩糖厂原址，眼前但见一片绵延的芦苇塘，站半天不见有人打从附近经过，只偶尔有野鸟扑棱棱飞起。竟是个冷僻异常的所在！刘鹏心下不禁泛起一阵冷意，这钱花得真心疼呀！

但他转念一想：已经答应政府了，而且去年路桥区的考核也通过了，也算是做了一桩好事。眼下还是规划规划，将这块地好好用起来吧。

设计图纸出来了，不久之后，挖土机、打桩机、大卡车轰隆隆地进驻这海边小村，热火朝天地开工了。

造桥、铺路、建厂房、搞绿化……

八千万的投入，换来了一片现代化厂房和园林式厂区。厂区采用先进的排水排气系统，充分考虑到生产过程中废气废水的治理问题，成功打造了一个生态的、优美的、人性化的生产环境。

另外，还就近新造了一条六车道的公路——金鹏路。若是在早上由市区驶向金鹏工业园区，感受过一路上灿烂的阳光呈现的热情，等看到矗立在金鹏路边的一幢淡黄色的建筑，便到达了目的地。

2002年路桥区开展工业服务月活动，凡是到此看过的参与者一致叫好，认为其已经具有工业园的条件。政府便批准设立"金鹏工业园"，让其可以享受区里的优惠政策。

漫步在工业园区内，两边的行道树夹道欢迎，芳草鲜美绿茵缤纷，草木清香，鸟鸣啁啾不绝于耳，间或有白鹭翩翩而过，蓝天下，厂房顶闪着瓷胎般的光，令人心旷神怡。那个冷僻的海边小村庄已完全改头换面了。

这个庭院式的工业园成了刘鹏的又一力作，充分体现了他"老骥伏枥，志在千里"的心态。

从此，金清三涂附近轰轰烈烈地有各种企业进驻，造型各异、功能齐全的厂房如雨后春笋般拔地而起，渐成燎原之势，覆盖了金清镇的东边，金清成了台州有名的工业区。

爆棚的幸福指数

"幸福感指数"的概念起源于 30 多年前，最早是由不丹国王提出并付诸实践的。幸福感是一种心理体验，它既是对生活的客观条件和所处状态的一种事实判断，又是对生活的主观意义和满足程度的一种价值判断。有人根据马斯洛的需要层次论把幸福指数分为三类指标：

A 类指标：涉及认知范畴的生活满意程度，包括生存状况满意度（如就业、收入、社会保障等）、生活质量满意度（如居住状况、医疗状况、教育状况等）。

B 类指标：涉及情感范畴的心态和情绪愉悦程度，包括精神紧张程度、心态等。

C 类指标：指人际以及个体与社会的和谐。

当然还有很多分类和指标被用来衡量幸福指数，但林林总总，不外乎一个人在其生活和工作中所接触到的事物给自己带来的心理感受。

1999 年，在中国日用品商城当老总的刘鹏精心策划了中国第一届日用商品交易会暨经济技术洽谈会，一时间国内外商贾云集，盛况空前，台州路桥人民的自豪感噌噌地往上涨。自此以后，日用商品交易会暨经济技术洽谈会成了路桥区每年一次的常规动作。

同时，台州市慈善总会正式成立，刘鹏出任副会长。这是一个奉献的职务，刘鹏的金鹏化工厂自然成了他回报社会的资本来源。

用每年 15 万元的款项资助贫困学生入学的善举可谓功在千秋。

当然，作为金鹏化工厂的掌门人，刘鹏也是金鹏员工当之无愧的幸福来源。

忙碌的 1999 年，取得赞誉一片的刘鹏看中了松堂大转盘的一块地，当即出手敲定，拟为金鹏化工厂的员工建造住宅。此时路桥当地一个著名餐饮企业的老板也看中了这块地，拟做商业用途，他找刘鹏商量，愿意以自己拥有的位于路桥中心区域的地块调换刘鹏手中松堂大转盘的地块。刘鹏一想，住宅用地当然是地理位置越热闹越好，方便住户生活啊。为员工谋幸福的事即使再花点钱也划算，他当即拍板定了下来。

可是新地块却有不少的麻烦，因为地处闹市，按建设局的规划，公管所、武装部、新华书店等国家单位的宿舍都在附近，加上区域供电设施和道路规划比较乱，施工会给周围百姓带来极大不便。刘鹏在走访了相关单位和部门了解情况之后，决定翻修周围的道路，重新铺设电路，以方便周围相邻的住户们。此举自然又得到一致好评。

金鹏小区落成后，一侧就是规划为步行街的马铺路。一般步行街边上的房子为开放式，但因为金鹏小区建造时考虑到美观和安全问题，便在周遭建了围墙，成了一个半封闭式的便于管理的小区，还在一层为所有的住户都准备了车库。

当时的住房条件，商品房面积大多是 60～90 平方米，很少有超过 100 平方米的大套房，可是金鹏小区的套房面积却是 160 平方米，这自然成了大家眼中的香饽饽。一共 70 套房子，其他单位和部门托关系想要的就有 30 多人，但最后在刘鹏的坚持和区政府的支持下，70 套房子全都给了金鹏化工厂的员工。另外，金鹏化工厂还在路桥良一村建了 2 幢职工宿舍，每套房为 60 平方米，分配给一些低年资或单身的员工住。由于选址得当，若干年后该宿舍被拆建，政府补偿每户一套 90 平方米的商品房，大家的心里别提多美了。

爱人者人恒爱之，敬人者人恒敬之。

打造一个成功企业的重要标准之一是提高员工的幸福指数。当你问起幸福指数时，随便抓一个金鹏化工厂的员工，他们都会骄傲地仰起头说："我们的幸福指数当然高了。"

看着你狐疑的眼神，他马上会补上一句：别的不说，2000年我们的员工就拥有了地处路桥黄金地段的小区房，每套160平方米，你说能不幸福吗？

看着你一脸震惊还没缓过来的表情，他又接着说："我们公司曾被世界华商协会AAA级幸福指数的企业，这是第一家获得如此荣誉的企业。我们金鹏的员工，每年体检一次，每年出去旅游一次，什么上海北京、九寨丽江、港澳台湾、东南亚诸国等，全看了个遍；更不用说五险一金、社保医保等，都比其他企业更胜一筹；现在我们厂区的绿化率达到50%以上，上下班有班车接送，食堂的饭菜比家里烧的还好。世界那么大，我们就想待在金鹏，这心情同志你能理解吗？"

还没等你调整好脸部肌肉，将羡慕的表情推出来，他又说："从进厂那天起，我们的员工就知道，不管是研究生也好初中生也好，总能找到适合自己的岗位，只要肯努力就能成为骨干分子，得到大家的尊重和认可。我不愁找不到老婆，不愁孩子上不起适合的学校，不愁父母生病了找不到好的医生，因为我们的老总说了，员工和企业是融为一体休戚与共的，要打造一流的企业，就要让员工的幸福指数达到全国前列。"

看你羡慕嫉妒的样子，他哈哈一笑继续说："告诉你吧，我们的老总叫刘鹏。这下不觉得奇怪了吧？就是他。我们的鹏叔，就是那个既搞科研又开工厂的刘鹏。有人说他是高智商和高情商的结合体，员工幸福指数的保证。"

刘教授的秘诀

1996 年，杭州大学经济管理系毕业的小林带着行李，黑着脸、嘟着嘴，心不甘情不愿地坐上了去台州路桥的班车。

小林一向认为自己是干大事业的，应该在大城市里大展身手，没想到毕业后，那些大城市的机会都让别的同学给抢走了。他没找到合适的工作，想想为了供自己上学，父母已经四处举债。总不能还要靠父母养着吧？他咬咬牙，选了这个叫路桥的城镇，应聘当了中国日用品商城总经理办公室的秘书。

想起大学时，也曾和同学们一起意气风发、挥斥方遒、指点江山、激扬文字。满以为毕业后鹰击长空，没想到竟被生活所迫，屈居在这个小小的海滨城镇，而顶头上司竟是个连大学都没有上过的年近花甲的老头子。

造孽呀！郁闷呀！憋屈呀！

看到那些同事对刘总一副崇敬有加的表情时，小林就不自觉地直撇嘴。

在小林眼里，路桥最多的，就是改革开放后涌出的一批暴发户。这些人大字不识几个，素质低，对金钱有着极大的热情，不过是借着改革开放的东风，凭胆大敢闯肯吃苦的个性，赚了个盆满钵满。

小林觉得老总刘鹏就是其中一个幸运儿，自己开厂赚了钱，恰好日用品商城需要个负责人，在人才匮乏的路桥，就被选中当了老总。有时候小林想，如果早几年毕业来到路桥，这个老总的位置应该是由科班出身的自己来坐才对。

在无数个当跟班的日子里，小林总是不停地对这个上司腹诽着：

不就是会说话吗？他总是笑眯眯地说这说那，声音洪亮中气十足的，那些七七八八的事在他嘴里说几句就好像自动归类了。不过，有时候他发起火来，吓得人都不敢在他面前说话。

不就是会吃苦吗？他经常天还没亮就在商城角角落落开始转悠，翻翻这看看那的，有时候关了大门了还在转悠。在外面出差就更不要提了，他大半夜赶飞机、饿着肚子坐长途车、千里奔波一日回……这都是经常的事儿啊，我一个小青年都累得眼圈发黑脚步发虚，他一老头竟然还精神抖擞，好似有用不完的劲儿。

不就是花样多吗？他这个月搞摊位投标，下个月又四处跑办展销，没过多久居然还着手搞什么电子商务，听说这还是全国首创的。还没等我回过神来，他又要到四川、江苏等地开商城分店去……这脚步、这节奏、这思路，使得我也不知不觉跟着跑起来了。

不就是名头响吸引了好多人来拜访吗？今天南来的明天北往的，昨儿商务局的今儿政协的，卷舌头的兰花指的，拿大哥大的挎公文包的，穿皮大衣的露大长腿的……形形色色熙熙攘攘，光是接待任务就应接不暇啊。记得其中有个叫马云的特别有诚意，曾两次来到商城找他寻求合作。

不就是将商城上亿元的贷款还清了吗？

不就是会赚钱吗？

呃……好像开商城的目的就是赚钱啊！能赚那么多钱是很厉害啊！好吧……

这下小林不得不承认，老总刘鹏的确是个善于经营和管理的人才。但他心里总有一丝优越感——自己可是正规的有文凭的大学生。

可这优越感在这年春天的一个上午就消失殆尽了。

1997年4月7日，杭州大学金融与经贸学院的会议大厅里，学校副校长正在台上主持会议："接下来，有请来自浙江省台州市路桥区中国日用品商城的总经理刘鹏给大家带来精彩的演讲。"

掌声雷动。欢呼声中，从容上台的刘鹏步伐矫健、神态平和，而随行的小林站在母校会议厅的一角，看着刘鹏一步一步走上台，却急得满头大汗：从没上过大学的刘总今天来高等学府演讲，竟然……竟然没准备演讲稿！

都说无知者无畏，看起来真的是有道理呀，面对这样的高等学府、这么大的场面、这么多的高学历人才，他竟然空着手，两肩膀顶着一个脑袋就上去演讲了……

四十分钟的时间，在台下众多师生的目光里，台上那位西装革履、神采飞扬、身材挺拔的男人表现上佳：声音洪亮、手势有力、不卑不亢，演讲条理清晰、逻辑缜密却简单易懂。

从中国传统的中庸文化传承谈到西方现代的先进企业管理，从创新守成的关系谈到商业运转中的共存共赢关系，从人性思维模式谈到品牌建立法则，从特立独行的个人修养谈到企业文化的打造和导向……

那些小林似懂非懂的理论到了刘总口中行云流水、出口成章，那些小林有所听闻却未曾深思的例子刘总顺手拈来水到渠成……

雷鸣般的掌声延续了演讲的余波，目瞪口呆的小林才发现四十分钟其实是那么的短，而他自以为熟悉的老总刘鹏却是那么的陌生，他心里想着：这位刘总就像一本简装的名著，原来我只看了很小的一部分，最精彩的那些章节，我竟然未曾涉及！

而让小林更加始料不及的是，演讲结束后，他们正准备归程时，被邀请参加杭大的一个仪式——聘请刘鹏为杭大金融商贸学院教授的授证仪式。

教授……小林差点一个趔趄。想当初，自己费尽心思想留校当个助教都没门儿，这没上过大学的刘鹏竟然轻轻巧巧地就成了杭大第一个来自民间的大学教授！

谁也没想到，先前进行的这场演讲其实是一场非同意义的考试。原来杭州大学金融与经贸学院从各方面了解到刘鹏的所作所为后，早有意想聘请他当兼职教授，但又怕被传言蒙蔽。为了证实刘鹏是否有真才实学，他们采用了"是骡子是马拉出来遛遛"的办法，在并不言明目的的情况下邀请刘鹏做一场演讲。台下有七八个资深教授虎视眈眈，手拿评分表在给他打分呢！

结果当然是不言而喻了。实力是分数最有力的保障。

同年10月，刘鹏被杭州大学正式任命为市场研究中心主任。

与此同时，刘鹏与杭州大学金祥荣教授主编的《市场桥》杂志正式创刊，这是当时全国第一本关于社会主义下有中国特色市场经济的学术型刊物。刘鹏的若干篇论文，如《建设路桥现代商贸城的战略性思考》《光刻胶现状及发展战略设想》等也陆续发表，收获一片好评。

此后没多久，宁波大学商学院送来一纸聘书，聘请刘鹏为客座教授。

对了，刘鹏的技术职称是高级工程师、专家级国际职业经理人。后者是经人力资源保障部考试合格，由国家发改委颁发的证书。

已经佩服得五体投地的小林，看刘鹏的眼神和以前截然不同了，他在给家里写的信里说：我再也不会为来到路桥而后悔。相反，我觉得我很幸运，来到这个有着蓬勃发展、前途无限的区域，来到这个充满着勤劳和智慧的地方，更重要的，是碰到了我心目中最值得学习和尊敬的人。

有一天，小林问刘鹏："刘总，你能不能说说你成功的秘诀？"

"秘诀？"刘鹏笑了笑说，"我的秘诀就是学。主动学、认真学、坚持学。学而思、思而用、用而通、通而变。"

大鹏展翅显神功

从一家村办企业壮大成一家乡镇企业，再发展成为国有企业，最后以股份有限公司的身份傲然挺立，这过程见证和诠释了中国改革开放历过程和成果，同时也充分体现了工业企业的资本积累和运作硕果。

金鹏化工股份有限公司从事粘胶剂、电子化学品、有机中间体等精细化学品的开发、研究、制造、经营，在刘鹏的带领下，公司迅速成为浙江省的高新技术企业，同时还被评为国家火炬计划高新技术企业、中国胶粘剂工业协会副理事长单位、科技部产学研促进会新材料专业委员会副会长单位等。不得不说，金鹏化工的成功与董事长刘鹏那敏锐、经济嗅觉和聪明的科学头脑分不开的。

身为董事长的刘鹏兼管理者、技术员、营销员、售后服务人员于一身，马不停蹄地奔忙在全国各地。他南下广州、北上哈尔滨、西至乌鲁木齐，至于北京上海、南京武汉等中原腹地，更是频频造访。他参加各种各样的商品展销会、贸易会、洽谈会等，不放过任何他知道的推广自家产品的机会。锲而不舍地营销打开了他的视角和门路，但最终决定结果的还是他产品的质量。为了让与会者充分认识到金鹏化工的实力，刘鹏曾经在不同的展会上当众表演由他研制和开发的"502瞬间黏合剂"的功效。

说起来这事儿的开始也是颇为有趣。当时在一场全国性的展销会上，看金鹏化工的产品的人多，但下订单的却寥寥无几。展会上也有类似产品，销售情况大同小异。因为这时候黏合剂产品还没有公认的大品牌一说，买家们也大多持观望心态，不敢轻易下单。

展台一侧的刘鹏见此情况，不禁若有所思。他那双看似柔和但却锐利的目光在人群中逡巡着，不久，便定格在两个打扮得中规中矩的中年人身上，以他的经验，这两人肯定是国有企业的采购人员，看起来沉稳而冷静，在业内估计有不小的影响力。

刘鹏略一思量，便含笑着上前打了个招呼。他没表明自己商家的身份，和对方聊了起来，一打听，果不其然在他的意料之中。那两个采购员见刘鹏为人亲和，对产品性质和相关知识的了解竟然不在他们之下，便起了相惜之心，向刘鹏倒出了满肚子苦水：黏合剂这东西要不黏性太差、持久力不够，要不等待其发挥作用需要的时间太长，要不对清洁的要求太高，他们厂里采购的数量又比较大，万一产品质量不过关，那就会造成不可估量的损失，所以才一而再再而三地比较；有的产品宣传得神乎其神，实际效果却不如人意，越是这样就越不放心，因而他们不敢轻易下单。

"如果能现场试一下效果就好了，"其中一个采购员说："可不知道怎么试才好，得有足够的拉力才能测试出效果。很多厂家怕丢了面子，都不敢现场试效果。"

刘鹏眼睛一亮，笑眯眯地说："两位老哥，今儿你们就等着看一场好戏吧。保证解决你们的难题。"

十几分钟后，展销会现场响起了喇叭声：各位亲爱的来宾，报告大家一个好消息。参加展会的金鹏化工公司将于十分钟后在此进行502瞬间黏合剂现场试验，请各位有兴趣的来宾前来参观。谢谢！

大红的展台上响起了热闹的音乐，两张结实的木桌上摆了一些橡胶、塑料、玻璃等材料，随着主持人的介绍，两个魁梧的大汉上场了。两人各持一个塑料凳子，在凳面滴上502黏合剂，两个凳子的凳面贴合后，两人对立，扎着马步往后拉。台下响起了号子声："1、2、3——拉——1、2、3——拉——"，好一会儿过去了，凳子因壮汉用力过猛出现了裂痕，但塑料凳硬是没分开一丝一毫，反而被拉裂了。一时台下掌声雷动。

有好事者怕那两个大汉是托，塑料凳是准备好的道具，便自行上来拉。刘鹏一概笑眯眯地允了，还邀请了台下其他人上台，让他们自己涂抹 502 黏合剂，再自己去拉。

一个小时后，金鹏化工厂的展台前挤满了人，订单如雪片一样应接不暇……刘鹏以他对自己产品的充分把握和自信策划了一场完美的表演，赢得了业内的良好口碑，从此 502 瞬间黏合剂成了众口交赞的大品牌。

自 1976 年浙江金鹏化工股份有限公司成立之时，刘鹏就立下了一条规矩，必须将每年销售收入的至少 3% 作为研发经费，科研人员要占员工总人数的 30% 左右。持续不断的科研投入成了源源不断的发展动力，让金鹏化工厂不断推出新产品，始终维持高效运转。"科技是第一生产力"在刘鹏的工厂里得到了很好的诠释和执行，二十多年的发展历程，让金鹏集团得到了全世界的承认。十多年以后，2006 年，由世界生产力科学联盟、中国生产力学会、第 14 届世界生产力大会中国组委会共同推选的"2006世界市场中国行业十大年度品牌"在沈阳市揭晓颁奖，浙江金鹏化工股份有限公司的"神功"品牌，成为该奖项得主之一，董事长刘鹏同时被评为"2006 推动中国品牌国际化 50 人"之一。

父亲刘治雄 20 年忌日的那天，刘鹏站在办公室看着眼前崭新的厂房，想起父亲的夙愿就是要大胆创新，走在科技前沿，以新成果填补国内空白，从而以实际成效报效国家。可惜的是时运不济，父亲历尽磨难却终未如愿，带着遗憾和对后辈的期望撒手人寰。现在，金鹏化工研发的产品得到了社会的广泛认可，黏合剂还被用于国家的航空航天事业，金鹏化工股份有限公司终于像一只强劲的大鹏，在祖国给予的广阔空间翱翔。刘鹏想，若父亲泉下有知也该含笑无憾了。想到这里，他握紧拳头。社会不会因为你一时的成功就为你驻足庆贺，目前要做的，是不断地向前，站在市场的前沿，把握住前进的节奏，让金鹏飞得更高更远。他深吸一口气，默默地收回目光，拿起公文包，又开始了新的旅程。

侠肝义胆

《小五义》肯定是我们这代人小时候最喜欢的书之一，喜欢看那些江湖草莽的"侠肝义胆"之事。每每看到"这几位生就侠肝义胆，仗义疏财；见人之得，如己之得；见人之失，如己之失"，便恨不得穿越到宋朝寻那艾虎、卢珍、韩天锦、徐良、白芸生等几位爷走上一段，也尝尝这血脉偾张、侠气冲天的快意。可惜这只能是梦中之事罢了。幸亏现实中亦有刘鹏刘总这等侠肝义胆之辈，与之畅谈，闻其平生之侠事，亦是一大快事。现择其二三事与列位共享。

第一件事。"文革"以来，路桥的民办实业家被冠以资本主义之名而被捕者数人，其中以应某、叶某、杨某为代表。1986年，黄岩县一年一度的经济工作会议正式召开，刘鹏和路桥的名企业家张小叔一起参加。他们联合与会的企业家们向县政府提交请求：请县委出面为这些实业家平反。当时的县委领导非常重视，遂以黄岩县委名义向浙江省委打报告，后经省高院复审同意，应、叶、杨三人同时出狱。县委县政府出面接回，才有了后来以建筑工程为主体的腾达集团、路桥建筑工程公司等，成为路桥经济改革开放的一支主力部队。刘鹏与张小叔等人联合出手，救下一代企业名将，为当地经济发展立下了不可磨灭的功劳。刘鹏也因为其为人仗义，其姐又在海外，遂被推选为黄岩县侨联副主席，1988年又成为黄岩县政协委员。

第二件事。20 世纪 90 年代，黄岩利民皮鞋厂可谓风头劲足，那时候电视里"天牌皮鞋走天下，一路风光一路情"的广告语连 3 岁的小孩都能顺口背出，而这天牌皮鞋正是利民皮鞋厂生产的。利民皮鞋厂的老总叫池幼章，是个很有魄力和实干精神的人，当时在黄岩县，他和刘鹏、张小叔等均是有名的企业家。1992 年，台州地区企业家协会正式成立，台州地委领导对于协会会长的人选有点踌躇，因为那时呼声最高的是刘鹏和池幼章，两人堪称一时瑜亮。地委组织部的负责同志于是便询问当事人意见。池幼章当仁不让，刘鹏谦逊地说请组织考虑让池幼章当会长吧。于是，刘鹏最后成了企业家协会的副会长，愉快上任并尽其所能协助池幼章做好企业家协会的工作。

随着经济大潮滚滚前涌，很多企业因为未能跟上时代潮流而被淘汰，利民皮鞋厂也渐势衰落。至 1996 年，利民皮鞋厂已是穷途末路，举债颇多，银行还贷迫在眉睫，若再不还款则要以厂抵债，这就意味着破产。若此刻利民皮鞋厂再向银行贷款，恐怕得有强有力的担保人才可以。这担保人可不好找呀！要有非一般实力，还得有侠义心肠，池幼章百思之际便想到了刘鹏。刘鹏二话没说，帮池幼章做了担保，从泰隆城市商业银行借了三百万，让池幼章有了喘息之隙。刘鹏盼着这个坚强的老朋友能重新盘活企业。池幼章也很努力，此后他还了银行一百万，但当尾款还贷时间到时，他却没有两百万资金，无奈之下只好再次向刘鹏求救。刘鹏当即答应。他顾不上厂里财务总监的极力反对，拿出两百万替池幼章还了款。那个时候，一套 100 平方米的商品房也不到十万。几百万的巨款，刘鹏眼睛眨也不眨就挥出去了，这不就是那"侠肝义胆，仗义疏财；见人之得，如己之得；见人之失，如己之失"的写照吗？可惜的是，世事如棋，一着落败之后，池幼章竟无回天之力，从此利民皮鞋厂成了历史。但池幼章的为人确实值得敬佩。他在破产之前，倾其所有还了刘鹏的两百万，他说他不能对不起老朋友，刘鹏对他如此仗义，他怎能失言。闻此，不禁令人唏嘘：此二老，时人楷模也。

第三件事。路桥的民营银行是当地一大经济特色，其中发展势头良好的要数台州银行和浙江泰隆商业银行。20 世纪初，这两家银行已经发展得有模有样了，但也曾遭受"挤提"事件。所谓"挤提"，是指因为谣言和恐慌引起的银行挤兑事件，情况严重的可以让一个银行短期内倒闭。2001 年 9 月中旬，不知道社会上流传了什么谣言，一夜之间，越来越多的储户到当时的城市信用社和泰隆信用社（台州银行和浙江泰隆商业银行的前身）来提款。三天之内，银行所存资金几乎告罄。取款现场人山人海，储户人人自危，场面慌乱无序。政府及时出面，一方面出动警察维持现场秩序，另一方面替两大民营银行出面向路桥商会求援。时任商会会长刘鹏得知此事后，火急火燎地联系路桥各企业大佬，如张小叔、叶洋友等召开会议，要求大家伸手救急，存款于这两家信用社。由于刘鹏当时如日中天的名望和几位企业家的声援，短短一个月左右，两家信用社终于避过灭顶之灾。现在，它们已经发展为台州银行和浙江泰隆商业银行，存贷款余额超过路桥四大国有银行总和，使台州成为全国小微金融创新示范区，也有力地促进了当地经济的发展。取得如此成效，可以说刘鹏功不可没。

这三件事算是比较有代表性的，另外，再说件小事，以博读者一笑。1997 年，公交公司有意进驻路桥区，公司老板雷厉风行，一边采购汽车、招纳驾驶员，一边准备了申请材料，只等政府审批，便可立马开张。本以为马到功成的事，却因当时路桥区无城区内公交的先例，事情不知归哪个部门办理便被搁置了。公司老板先后找了交通局、公路段、城管局等不同部门，均无果。一日，老板正苦恼之际，偶尔听路人说时任商城老总刘鹏为人仗义，不啻当地的及时雨，不由大喜。可问遍亲朋好友，无人言称和刘鹏有交情，这缺了引荐之人如何办事？踌躇之际，眼见得自家公司人车齐备，日日闲置，心急如焚的老板一咬牙，揣着一颗忐忑之心闯入了刘鹏的办公室说："我找刘鹏刘总，有要事相求……"不久，路桥老百姓就乘上了公交车。如今在路桥城区满大街跑的303、305等公交车，便是由此而来。哪怕素不相识之人求上门来，刘鹏总是能帮则帮，他的侠义，由此可见一斑。

其实，鹏总仗义之事，岂止上述！然秃笔一杆，难尽其说，此刻有酒有故事，前人的一句诗亦注到心头：壮心易尽虺肩酒，义气肯贪熊掌鱼？

神秘的血栓

2008 年，刘鹏的名字在路桥已经是家喻户晓了，冠在他头上的名称各种各样，在不同人的眼里，他代表着不同时代的地位。每个人对他的称呼不尽相同：刘总、刘厂长、刘主席、刘会长、刘教授、刘老……但更多人习惯叫他"鹏叔"。

秋日的天气暑意未消，鹏叔一大早来到医院做体检，超声科的金主任早就等在那儿。每年的体检，他总是亲自为鹏叔做超声检查。

习惯性地从上往下检查。金主任一边检查一边和鹏叔聊着："甲状腺很好，颈动脉壁略增厚，不过没什么问题，心脏瓣膜正常、血流正常、心跳波形……鹏叔你这心脏和小伙子比也不见得输啊……"

"呵呵，我的心脏够强大，那证明我心态好啊！"

"那是的，我认识你这么多年，就没见你老人家动过气，这和你见多识广有关系。要论心态，还真很少有人能及得上你！"

"哎，大风大浪都见过了，还有什么好计较的呀！"

"鹏叔，早餐没吃吧？我们来查查肝胆脾胰……"金主任一边说一边把超声检查的探头移到鹏叔右侧腹部，一寸一寸地看，本来轻松的脸色渐渐凝重起来，眉头也不知不觉地皱了起来。

"金主任，有什么不妥吗？"刘鹏虽然躺着，但察觉了出金主任说话的节奏顿下来，便问了一句。

"鹏叔，这几天有没有什么不舒服，比如发烧、腹胀腹痛、不想吃东西、尿液发黄等？"

"没有，一切正常。"刘鹏说着，看了看金主任的面色，心下已是了然，肯定是碰上什么大问题了。他笑了笑说："有什么你就直说，年纪大了身体总会有问题的，我有心理准备。再说了，知道什么问题才能及时处理，遇水架桥、逢山开路，我刘鹏可没气馁的时候。"

金主任也笑着说："鹏叔，事儿还真是有点扎手。这肝脏动脉内有东西，我怀疑是血栓。虽然你皮肤没有发黄，也没有其他不适，但还是要引起注意。"

"找哪个大夫看看比较好？"

"去上海吧，"金主任的脸色严肃起来，"尽快！"

刘鹏知道金主任是个比较实际的人，本地可以解决的病症他一般不会建议去上海杭州等的大医院，既然他这么说，那这个肝动脉血栓就肯定不一般。

肝动脉血栓是由于各种原因引起凝血功能障碍，导致肝脏动脉内血栓形成，从而堵塞肝脏内的小血管，容易造成急性肝坏死、转氨酶升高、肝功能衰竭等情况。此病发病急骤，病情凶险，需要早期诊治，否则有性命之虞。据相关数据报道，此病致死率高达 57% 左右。

也难怪金主任会那么紧张了。

第二天下午，上海中山医院超声科主任致电肝胆外科主任说："我刚给刘鹏刘总做了肝胆超声检查，情况不容乐观，确认是肝动脉血栓形成，而且不小，幸亏没有急性发作，要不然……"

肝胆外科主任见到刘鹏后没顾得上寒暄，第一句话就是："请您马上准备办住院手续，争取尽快手术治疗。"

陪同刘鹏前来的儿子、女儿、女婿尽管心里已经有了准备，但一时间还是无法接受，刘鹏自己也对手术有点迟疑。于是他们联系了肿瘤医院和长海医院的专家。几位专家的意见大致分成两种：一种是手术取出血栓；另一种是先口服抗凝药物，定期检查，若不见效再手术治疗。

刘鹏决定尝试第二种方法。

可是第二种方法也是有问题的。专家大致倾向于使用华法林，这个药最大的麻烦就是副作用大，所以要随时监测凝血功能，随时调整用药剂量。专家强调每周都要来院抽血检查。

尽管当时刘鹏已经 69 岁，可还是干劲十足、创意无穷，而且收获颇丰：刚和贵阳医学院合作研制出了安神的鼻吸剂；被评为 "2006 年推动中国品牌国际化 50 人" 之一；在心血管病领域进行了药物研制并且拟投放生产；2007 年 11 月，作为浙江省唯一的代表参加了第三届杰出华商大会，并且荣获 "全球华商化工行业十大管理英才奖" ……金鹏化工高潮迭出，一时风头无两。

历史赋予了英雄亮剑的机会，时代搭建了刘鹏演出的舞台。他如鱼得水，不断推陈出新杰作不断，这个时候怎么舍得放下金鹏化工的事情呢？

肿瘤医院的专家见刘鹏皱着眉头，知道他肯定是惦记着公司的事，便说可以联系台州中心医院的主任，委托其定期帮刘鹏进行监测。

"还有其他的方法吗？" 刘鹏问。

专家沉吟道："虽然也有其他的抗凝药物例如阿司匹林，效果稳定、副作用也不大，但因为起效慢，一般只作为预防性用药或者是慢性血栓的治疗，对肝动脉血栓这样比较凶险的疾病来说，用阿司匹林未免太乐观了。万一血栓脱落急性发作的话……而且目前还没听说有阿司匹林治好肝动脉血栓的先例。"

刘鹏展开笑脸，一锤定音："就用阿司匹林。"

此刻的路桥，金鹏化工厂里，人比平时多了一倍不止，门口还陆续有一些颤颤巍巍的退休老职工由家人扶着来厂里的，他们都是听说刘鹏刘总得了急病，赶着来探病寻消息的。

大嗓门的老邱刚踏进厂里，就看到前面来来回回正在招呼人的工会刘大姐。他赶紧上前几步，边走边喊："小刘，你们安排人去上海也不告诉我一声，这会儿鹏哥生病，我竟然没在他身边，这叫我心里怎么过意得去？"

老邱虽然年纪比刘鹏大，但鹏哥鹏哥地叫惯了，别人也没觉得有什么不妥。刘大姐对老邱这位金鹏元老非常熟悉，语气也非常恭敬："邱老，你一把年纪了，在家里等消息便是，没必要大老远去上海的。"

"没必要？什么叫没必要？当初我老邱生病的时候，还不是鹏哥帮忙联系的专家？他还专门派了工会的人照顾我；我女儿难产的时候，半夜里一家人急得抱着哭，是鹏哥找了妇产科主任给救回来的……这会儿鹏哥生病，居然叫我老头子坐在家里等消息！我也得坐得住啊……"老邱说着，拿拐杖在地上砰砰砰地顿着，眼圈儿也红了起来。

他们正聊着，身边已经围上来一圈工友，有像老邱这样的老员工，也有刘大姐这样的中年人，还有进厂没两年的新人。大家既担忧又心疼，七嘴八舌地说着。

刘大姐好不容易让大家安静下来，转达刘鹏刘总的话：生病是个人的事情，不会影响厂里的业务，感谢大家的关心，他会尽快好起来的。

可忧心忡忡的员工哪里顾得了这么多？好些个人已经定了去上海的车票，这会儿已赶回家打叠行李了，其中不乏老邱这样差点急得五内俱焚的老人。

临出门时，老邱对他老婆说："老太婆，你今儿去庙里多捐些香火钱，多念念经，让菩萨保佑鹏哥平安无事。"

"我晓得，如果不是鹏哥，我们这一家哪有今天这好日子？我这就去……富贵娘刚才电话给我，说她也要一起去庙里给鹏哥求菩萨。"邱老太太说着拿着个包裹就出去了。

刘鹏服用阿司匹林一个半月后，重新做了检查：肝动脉血栓较之前没有改变，但也没有出现黄疸、腹痛腹胀、发热、消化不良的现象，其他部位的血管也没有发现栓子游移的症状。刘鹏哈哈一笑，继续投入如火如荼的工作中去了。

有人劝他多加休息，身体养好了再说，可他却笑着说："生死有命，富贵在天，我刘鹏不求长命百岁，唯愿以此有用之身报效民众。做事做人，但求无愧于心。"

又过了三个月，B超检查时没找到原来的那个肝动脉血栓。去上海肿瘤医院做核磁共振血管造影检查，几个专家聚在一起睁大眼睛找了半天，最后得出结论：肝动脉血栓竟然真的消失了！

大家张口结舌，这太不可思议了，无论从理论角度或者实践经验来看，事情都很神奇。肝胆外科主任拍案道："这事连国外的医学文献也没相关记载啊，太不可思议了！"

消息传出，压在众人心头的一块大石头终于解体消散，四个半月的期盼终成现实，警报解除啦！金鹏化工厂内一片欢呼，大家纷纷额手相庆："刘总没事啦！好人有好报！好人一生平安！"

这神秘的不走寻常路的奇怪血栓，究竟是怎么消失的呢？有人猜测这可能根本就不是血栓。但那么多顶级专家难道都瞎了不成？

答案已经不重要了，重要的是刘鹏刘总依然神采奕奕、笑容可掬地忙乎着。哦，你也找他有事？稍等，此刻他正忙着接受凤凰卫视的采访呢。

父耶? 子耶?

2012 年, 路桥区新上任的区委常委、统战部部长到岗。新任部长是女性, 行事干脆利落、高效实干。

朱部长对鼎鼎大名的金鹏化工早有耳闻。不说远的, 就说 2011 年 7 月, 金鹏化工就出资 20 万元在台州举办"金鹏化工杯"全国网球团体锦标赛, 共吸引了北京、天津、广东等 20 个省 (市)、自治区以及解放军队等 47 支代表队参加, 参赛人数共近 300 人。这举措在路桥顿时掀起了一阵网球热, 很多一开始只是在电视中看网球的人有了近距离接触网球的机会。讲究高效行动的路桥人反应自然迅速。短短几个月, 各处体育馆、大工厂也纷纷建立了网球馆, 每到晚上, 便有一些矫健的身姿在球场上挥汗搏杀。此为后话。

且说朱部长既然将金鹏化工放在心上了, 当然会付诸行动。她决定前往拜访这位金鹏化工的掌门人、政协副主席、路桥公认的德高望重的科研人才——刘鹏。

朱部长在临行之前做好了功课: 刘鹏现年 73 岁, 家有一子一女。她经过联系后约了个时间去拜访。

暮春天气, 到处绿荫匝地、繁花似锦。踏着春天的脚步, 朱部长走入金鹏小区, 在陪同人员的指引下, 她来到刘鹏的家门前敲了门。开门的是一位穿粉红色衬衫的男子, 他气度雍容淡定、笑容和善亲切, 用富有磁性的声音问: "请问你找谁?"

朱部长打量着这位男子, 心中不禁猜测此人身份: 这肯定不是刘鹏本人，刘鹏可是个年逾古稀的老人了，该是个白发苍苍老态龙钟的老头才对。眼前这人眼神清亮、说话柔和，肯定耳聪目明，看外貌应是在四五十岁，气质非一般人可比。那这是谁呢？对了，刘鹏有一子，必是此人无疑也。

一念至此，朱部长便笑言道："你好！我是区委统战部的，今天特意前来拜访你父亲的。"

列位看官，你知道这位身穿粉红色衬衫的男子是哪个？

不是别人，乃刘鹏本尊也。

话说刘鹏听到朱部长这话，不禁一愣：我父亲？！他老人家仙逝二十多年了，怎会有人前来拜访？来访者还是位明朗清爽年纪不大的女子，未听父亲言过有此等朋友呀。转念一想，今日自己和统战部部长有约，闻听这位部长乃是位巾帼，估计便是眼前这位了，便笑呵呵地答道："家父逝去多年，想必尊驾不是来找他的。你要找的人姓甚名谁呢？"

朱部长道："我要找的人乃是金鹏化工的老总刘鹏刘老爷子。"

"呵呵，小老儿便是。"刘鹏朗声笑了起来。

一向沉稳的朱部长不禁睁大了眼睛，惊讶道："啊？！我以为您是他儿子呢！您真是太年轻了，年轻得我都不敢相信自己的眼睛了，哈哈……"

随同的人员也都笑了起来，爽朗的笑声一下子将初见的距离消弭殆尽。

接下来，朱部长随着刘鹏在金鹏化工园区里参观，花园式的设计和景观、现代化的配套设施让朱部长叹为观止。听着刘鹏一路如数家珍介绍一草一木一墙一瓦的来源，历数过去的一些趣事……直到告别，她还在怀疑这位眼不花耳不聋、思维敏捷、反应迅速的人竟然已经73岁了。

她得出一个结论：这是一位被岁月特别优待的长者。

这事儿一传开来，闻者固然莞尔，却也认为自然：任谁见了刘老爷子都没觉得他已过古稀之年了。

此后，"刘鹏儿"便成了路桥的一则佳话了。

生机无限老政协

　　1988 年，刘鹏作为新中国第一代实业家加入政协，当了黄岩县的政协委员，从此便和政协结下了不解之缘。他经常说，人家说政协是二线，其实也是火线。中华人民共和国成立后的第一个会议就是政治协商会议，参政议政关系到国家的前途和命运。他曾有很多机会和时机离开政协另谋高就，但他都放弃了。他对政协有着割舍不了的情怀，也正是在政协的岗位上，他在改革开放的最前沿和经济建设的主战场冲锋陷阵，发挥聪明才智，尽心尽力报效国家。

　　我国有八个民主党派，分别是：中国国民党革命委员会，简称"民革"；中国民主同盟，简称"民盟"；中国民主建国会，简称"民建"；中国民主促进会，简称"民进"；中国农工民主党，简称"农工党"；中国致公党；九三学社；台湾民主自治同盟，简称"台盟"。民主党派慢慢发展壮大，从省一级扩大到设市一级，等发展到一定程度时再设区一级，每一次挑选主委名单都是慎之又慎。因为对于参政议政的民主党派来说，一个地方的主委就是党派的核心人物，所以对其各方面要求自然是拔尖的。

　　台州市民主建国会成立时，组织曾找刘鹏谈话，希望他当首届民建主委。在民主党派与在政协任职本身是一致的，但刘鹏更希望心无旁骛，潜心于政协工作和如日中天的金鹏化工事业。他觉得自己如果接受了民建的职务，就必须全身心扑在"主委"这一工作上。然而自己分身无术。他婉言谢绝了，从而和民建擦肩而过。

1993 年，三年一度的黄岩市人民代表大会换届，市委书记找刘鹏谈话，希望他脱产到黄岩当人大常委会副主任。这对于很多人是梦寐以求的事，但刘鹏再次婉言谢绝了。他依旧勤勤恳恳打理着自己的厂，依旧兢兢业业做着政协的工作。

1994 年，台州各地经济发展齐头并进，改革开放的路子各有特色。参考当时宁波市的做法，台州市委根据区域特色进行分区，自此，路桥正式设区，但当时路桥区没有政协这个机构。

过了一年，台州市政协建议台州市委设立区政协。此提议被采纳后，路桥区第一届政协委员产生，共有 40 多人。

1995 年路桥区政协的第一次会议，就在金鹏公司会议室召开，金鹏公司成了台州市路桥区政协的诞生地，刘鹏当选为政协副主席、政协联络组副组长。

建区初期，借着改革开放的强劲东风，路桥在全国率先创办市场。各类大大小小的市场达到 76 个。中国日用品商城建成后，作为路桥全区体量最大的国有公司，区委区政府非常重视，因多种原因以及多方面考虑，最终决定由时任区政协副主席的刘鹏任董事长。从此，刘鹏便走在了发展市场经济的前线。从来没有管理过日用品商城的刘鹏马不停蹄，从区域设置、交通设施、运输方案、客流导向、广告宣传等多因素考虑，运筹布划林林总总事无巨细，忙了个不亦乐乎、废寝忘食。

2000 年，刘鹏作为科技创新人才当选为浙江省政协委员。当时在浙江省科技界中，提起刘鹏，大家都不由地跷起大拇指。都说会科研的都是书呆子，会做生意的都静不下心来搞研究，可刘鹏却是科研和商场双丰收，一时成为众人争相称道的奇葩。

2010 年，省政协换届选举，刘鹏再次当选，不过这次他是以实业家身份在经济界当选的。这样的身份变换虽然在其他人身上很难见到，但对于了解刘鹏的人来说却毫不为奇。到了年龄本应从政协退下来，但刘鹏这样的人才奇货可居，台州市政协不放手，经研究决定，请他再留一届。就这样，刘鹏超龄在市政协再当了一届常委。

作为老政协委员，刘鹏备受尊重，当然这也和刘鹏谦虚祥和的为人态度，不遗余力的办事作风，顾全大局的眼光思路，大气到位的管理决策等特质离不开。路桥大大小小的政协委员也都对刘鹏崇敬有加；很多路桥区新上任的领导都会来拜访他，倾听他对路桥发展的建议和意见。作为见证路桥改革开放取得辉煌成绩的政协人，刘鹏对政协有着不可分割的深厚感情。

改革开放四十年之际，电视台和报社等约刘鹏采访，他一如以往，婉言谢绝说："我老了，机会应该多留给年轻人，你们还是多问问年轻人的想法吧。"当然，电视台和报社不会轻易放过这位生机无限的老政协。此为后话。

商会会长

不得不说，基因是自然界中最奥妙最具有神奇色彩的因子。无数科学家穷其一生去研究基因那无穷无尽且令人惊叹的世界。基因在遗传学中对生命的种族、血型、生命过程等起着无可比拟的作用，但我们很难用基因去解释刘家祖孙三代在路桥商会中的地位。

1912年，刘剑郎出任路桥有史以来的第一任商会会长。

1941年，刘剑郎的儿子刘治雄出任路桥镇镇长、商会会长。

1995年，刘治雄的儿子刘鹏出任路桥工商联主席、商会会长。

可以说，刘氏祖孙三代在路桥商业发展史上相当于领军人物，说到这里，肯定会有很多人想探秘他们的成功之路。

当然，什么勤奋耐劳肯吃苦、坚决勇敢又果断、公平诚信且负责、聪明好学抓机遇等都是企业家成功的品质，笔者不想说什么"质量就是生命"等一言以概之的话，也不想分析时事解说几十年创业史以长篇大论来展现刘氏的风采，笔者光说说刘鹏在商会中起的作用，相信读者自会领悟。

工商联（总商会）是党和政府联系非公经济的桥梁和纽带，若要办出地方特色，必须要有一个具有代表性的领军人物当主席。刘鹏以超前的思维创办了商会会员俱乐部，为会员提供交流平台，这在全浙江省商会中独树一帜的做法，引起了省工商联领导的兴趣和重视。他们多次亲临路桥考察现场，还在省工商联执委会上推广，获得了一致赞赏。此举让路桥区工商联被授予"省先进工商联（总商会）"的光荣称号。

1996 年台州市组建市工商联，组织决定让刘鹏担任主席。市委组织部找刘鹏考察谈话时，刘鹏婉言谢绝，并提议由黄岩利民皮鞋厂的董事长池幼章来当主席，经组织部做工作后刘鹏说愿意担任副主席之职，协助正主席把工商联的工作做好。这一举动得到了市委主要领导的肯定和赞赏。第一届台州市工商联成立大会时，刘鹏毫无悬念地当选了工商联副主席。此时的刘鹏在工商联组织中身兼三职：浙江省工商联常委、台州市工商联副主席、路桥区工商联主席。

这和他在政协中的地位大致相同：浙江省政协委员、台州市政协常委、路桥区政协副主席。政治和经济两者从来都是社会和国家不可或缺的部分。上善若水、厚德载物，刘鹏以他的素养和实力在其中获得双赢且相得益彰。

身为路桥工商联主席，刘鹏上任时对着所有商会成员说了几句话：路桥是以民间小企业为主而发展起来的市场经济，维持民间资本的长期可持续健康发展是我们商会成员关注和努力的方向，因为这直接涉及我们的切身利益。那么如何改善目前存在的民间小企业产品生命周期短、主打产品不明确等问题呢？这还得要讲究一个"不变"、一个"变"。一个"不变"是指道德诚信不变，必须坚持做良心企业的标杆，实实在在让使用者受益于产品，让产品服务于大众；一个"变"是指时刻关注市场需求导向，不能躺在过去的功劳簿上睡大觉，要顺应市场潮流而改变产品的结构和销售情况，走在市场的上风口，不断推陈出新，形成良性循环，才能将企业做大做强做久。

2017 年，面积达 9.6 万平方米的路桥商会大厦落成，为标志性的双子楼建筑，是由路桥 72 家上规模的企业共同出资筹建的，是路桥商会的集中办公区域，同时也是路桥一道亮丽的风景。这是刘鹏担任商会会长时许下的心愿。看着终于落成的商会大厦，年逾古稀的刘鹏欣然微笑，如数家珍地说着关于商会大厦的一些点点滴滴，让人不得不敬佩于他那精密而记忆超强的大脑。当然，这也是因为刘鹏负责商会大厦建造经费审查的缘故。当时面对如此巨大的经费使用权限，为了物色一个信得过的经费审查人选，路桥区委区政府几番慎重考虑。最后刘鹏无可非议众望所归地成为最佳人选。于是，我们的鹏叔推脱不过，毅然决然地担起了重任。

无数个晨昏，总有一个神采奕奕、手拿公文包的身影从容地进出于商会大厦，时不时会有不同的人恭恭敬敬地和他打招呼向他说些什么……

夕阳无限好，何惧近黄昏。

君子之道

　　和鹏总交往也有些年头了，每每有空，一起吃吃饭喝喝茶。听他说说过去的事情或者向他请教一些为人之道，受益良多。

　　有一日，圈里朋友一起吃饭。因为大家比较熟悉了，言谈之间便随意些，酒酣耳热之际，自然想什么就说什么了。邻座的朋友——一位成功人士，无论工作或者是生活，皆是风生水起游刃有余。但他在鹏总面前始终执礼甚恭，哪怕是酒喝多了的时候，也不见有僭越之举。我心下颇觉奇怪，鹏总为人和蔼可亲包容甚宽，我们这些小辈在他面前从来没有拘束之感，为何这位仁兄如此注意言行呢？

　　许是这一日我也喝了点酒的缘故吧，便拽着他问缘由。

　　他沉吟了一会儿，深深地吸了一口气说："我自小出身农村，家里条件清苦且无任何助力，我所有的事业前途都是靠自己努力打拼来的。我早早就知道，任何成功都是需要付出代价的，所以吃再多的苦、受再多的累在我看来都是应该的，只要有机会就行。可是机会往往不单单是吃苦受累就能有的，有时候你要前进，就不得不学会伏低做小。说起这伏低做小的滋味，却是不大好受……"

　　他端着杯子，眼神向下游移，透出一种深深的无奈来："那时我年轻，底子比较薄，业务上的联系需要大客户的认可、政绩上的考核需要老板的认可。现下的社会不是拼命工作就可以入得了别人的眼的，还要会做人，你懂的。"

　　我点了点头，我想我懂。

"有时候我去敬老板的酒，恭恭敬敬地站在老板旁边端着个酒杯，一开口说话，老板却毫不留情地打断，和别人说话去了，当我不存在。我也曾试着让自己更显眼一点，可人家根本不理我，别说端起杯子，就连看都不看我一眼，还露出不屑一顾的样子来，我催不得走不得，只好尴尬地继续弯着腰站着……脸上还要保持恭恭敬敬的笑容……"

他本是一个优秀的人，却不得不受这样的冷落，可想而知他当时的处境是如何的进退维艰。这世间的人情冷暖起码有一半可以在酒桌上体现得淋漓尽致。

"但是鹏总就不一样……"朋友抬起眼帘来，唇角慢慢上翘，"那时他已经是路桥有名的领导了，每次见到我都会鼓励我，我敬他酒他都笑呵呵地喝掉，我有什么困难只要到他那儿一说，他总会想办法帮我……对我来说，像他这样不吝援手又不求回报，经常提携后辈的领导才是我真真正正打从心眼里尊敬的人。"他看着我问，"你能理解我的意思吗？"

我点点头，有些回报，不在口头上。这是以心换心的结果。

"君子，他是一个真正的君子。"朋友继续说道。

确实如此，刘鹏的所作所为不得不让人敬佩。

有一件事发生在1971年的一个晚上。刘鹏夫妻与孩子们正围在桌边就着煤油灯一边吃饭，一边说着些闲话。还没吃到一半，隐约听得有剥啄之声，刘鹏的妻子以为有人敲门，便准备去开门，手刚碰到门栓，就发现脚下白晃晃一闪，捡起来一看，是一封信，这封信是从门缝里塞进来的。刘夫人心下狐疑，便没开门，将信拿回递给了刘鹏。

信封上空白一片，没写收信人及寄信人的信息，刘夫人惊疑，见刘鹏准备拆信，便一手按住他，对他使了个眼色，两人回了自己的房间。

　　刘鹏拆开一看，信上乃是油印字迹，没具名无落款。更奇怪的是内容，说的竟然全是四人帮那些为人所不齿的事，言辞激烈，评论犀利。刘夫人顿时吓得魂飞魄散。那时候是"文化大革命"时期，以前也有类似的看不惯的人出来表示不同意见的，但后果却不尽人意。国家公安部早已有令：凡发现有现行反革命行为者，必严查严究，所有人等不得包庇，不得私瞒，若有事发，知情者与犯案者共罪。

　　很多老百姓对这样的言论大多风声鹤唳草木皆兵，因为有不少人为这样的言论付出沉重的代价！所以很多人为了保住自己，证明自己是清白的，经常会向革命委员会举报他人，从中获利的也不少。

　　当时刘鹏一家也正受"文革"之苦，若是将此匿名信上报，必能得到很大好处；但将此信秘而不报的事若是被他人知晓，后果却是无法想象的，有可能会累及全族。但刘鹏大义在胸，做了他认为正确的事。他伸手将妻子手中的信拿过来，凑近油灯点燃……刘夫人当然知道丈夫的心意，她默默地咬着唇，悄悄地舒了一口气。

　　等刘夫人将地上的灰烬收拾干净，看到刘鹏抱着女儿在讲故事，煤油灯下那坚定的脸庞一如平时从容，她扑通扑通乱跳的心也安定了下来。

　　这事儿直到四人帮粉碎后刘夫人才彻底放心，说了出来。那封匿名信原来是当时路桥的第一笔杆子陈豪所作，此人乃热血之士，无法忍受当时四人帮之恶行，便操笔反戈。遗憾的是，并非所有人的选择都和刘鹏一样，陈豪还是被其他人举报了，不久因此事入狱直到四人帮粉碎后才出狱。此为后话。

　　《墨子·修身》中道：君子之道也：贫则见廉，富则见义，生则见爱，死则见哀；四行者不可虚假反之身者也。藏于心者，无以竭爱，动于身者，无以竭恭，出于口者，无以竭驯。说的是：君子之道是贫穷时坚持廉洁，富足时体现恩义，对生者慈爱有加，对死者哀痛怜惜。这四种品性不是装出来的，而是君子自身就具备的。存在于心中的是大爱，表现在行动上的是谦恭有礼，言谈之中典雅不俗，辞文优美。

鹏总一生，所作所为，约恰如此。

生命不息　折腾不止

子曰："吾十有五而志于学，三十而立，四十而不惑，五十而知天命，六十而耳顺，七十而从心所欲，不逾矩。"而今，刘鹏已至耄耋，却毫无龙钟之态，耳聪目明、思路清晰、记忆超凡。特别是他精力旺盛，早上6点起床，晚上11点睡觉，平时除了管理公司之外，还关注时事发展，关心台州建设，时时建言献策；闲暇时打打麻将、外出旅游，有时也呼朋唤友，乐聚一场。

他是一个乐天派。刘夫人经常说："跟着刘鹏，这辈子也不知道担了多少惊、受了多少怕、吃了多少苦、流了多少泪，他却老是说'没事的没事的，过去了就好'。可每当一件事过去了，他又会搞出下一个什么制造什么合作来，总是不肯安安心心地过日子，一开始我经常担心得睡不着觉，后来也就习惯了。他就是爱折腾的命，由着他折腾就是了。"

是啊，大多数人的想法是"趁年轻，多折腾；退休后，养身心"。可刘鹏不一样，年轻的时候固然是没少折腾，但到了耳顺之年依然劲头十足。

2000年，61岁的刘鹏在卸下中国日用品商城老总的担子后光荣退休。对他而言，这6年的商城职业生涯既是事业的一个巅峰，又是人生的一次出游。他转身又回到了他一生的最爱——化工事业，做回了金鹏化工股份有限公司的老总。

2002年，刘鹏主持开发的产品"清齿露"获得审批，该产品的研发初心是：刘鹏发现一般的防蛀牙牙膏主要成分是氟等物质，这些物质虽然对防蛀牙有成效，但是对人体，特别是儿童来说，是有副作用的，所以他就动心思要研发一种安全无害的防蛀牙产品。由此他找到了武汉大学医学院的院长，一位专注于防蛀牙研究的口腔专家，提出通过抑制蛀牙的根本原因——变形链球菌来达到防蛀牙的效果。他们采用现代生物技术，将抗变形链球菌物质注入鸡的体内，再从该鸡产出的鸡蛋中提取有关的生物活性物质加入产品中，果然达到了预期效果。

2004年，刘鹏北上河北，投资研发一种治疗心血管疾病的物质——硫酸软骨素。

2005年，金鹏化工股份有限公司名下新增"江苏信怡生物工程有限公司"。主要经营抗氧化剂、软骨素（药品、食品除外）生产、销售；化工产品销售。

2007年，刘鹏受世界杰出华商协会邀请，于11月26日在北京参加"第三届世界杰出华商大会"。此会在人民大会堂隆重召开，以"共享中国商机，决胜全球市场"为主题，会议期间高端经济、文化交流活动精彩纷呈。来自30多个国家和地区的全球华商领袖、华商500强、杰出华商代表等1000多人出席大会，相关国家领导人和有关部委领导出席会议，全球上千家主流媒体对大会盛况进行了报道。刘鹏作为浙江省出席这种高规格大会的唯一代表，获"2007年全球华商化工行业十大管理英才奖"，他麾下的金鹏化工有限公司被评为"世界杰出华商协会副理事长单位"。

2010年，上海东华大学选中浙江金鹏化工为研究生培养与实践基地。东华大学是教育部直属、国家"211工程"重点大学，国家"双一流"建设高校。这样一所高水平行业特色大学，对研究生基地的选择自然是慎之又慎的。"花香引得蝶飞来"，最能吸引目光的，是实力。经过专家们的层层甄选，基地最后定焦在金鹏化工。同年7月16日上午9时，东华大学与浙江金鹏化工"研究生联合培养与实践基地"签约与揭牌仪式在台州市隆重举

行。东华大学副校长邱教授、研究生部副主任舒教授等以及台州市科技局领导、路桥区政府领导、金鹏化工有限公司董事长刘鹏携总经理及公司其他管理人员出席了签字和揭牌仪式。自此后，双方强强联合，在科技信息、仪器设备、人才建设等方面资源共享、优势互补，为企业技术创新，为产业发展搭建平台，为祖国培养人才。

2015年金鹏化工与德国汉高合作，汉高集团出资1.8亿元，与浙江金鹏化工股份有限公司成立新的合资公司，全面引入汉高先进的企业管理理念和技术装备、工艺。双方经过考察和谈判后一锤定音，10月13日，项目签约仪式在台州国际大酒店举行，浙江金鹏化工股份有限公司董事长刘鹏与汉高集团亚太及大中华区总裁艾峡甫签订了股权转让协议。2016年8月16日，德国汉高与金鹏化工的重组并购圆满落下帷幕。中德两家公司的联姻，重塑了化工行业的一个标签。

生命不息，奋斗不止。对刘鹏来说，世界永远是新鲜的、生动的、充满机遇的，"折腾"是一种乐趣，正因为一颗奋斗不息的赤诚之心，才让这位老人有着欢乐纯真的笑颜、爽朗明亮的欢声、绵延缤纷的青春……

猛虎常驻，蔷薇细嗅。

本色儒商

2018 年是中国改革开放 40 周年，这 40 年，对于台州路桥这个名不见经传的小镇来说，是脱胎换骨、风云突变的 40 年。路桥人凭着敢为人先、商行四海的勇气，走遍千山万水、历尽千辛万苦、克服千难万险，成为中国股份合作制经济的发源地、中国小微金融创新示范区，可以说，台州路桥是中国改革开放的一个时代楷模，它创造了全国民营经济发展的"台州模式"。

20 世纪八九十年代，在台州市各级政府的大力支持和推动下，民营企业如雨后春笋般纷纷拔节而起，吉利、腾达、泰隆、三友等集团公司在汽车、建筑、金融、服务等各行各业大显身手、初露峥嵘，至今还各自霸有一席之地。

而说起民营经济的发展，不得不提那些在改革开放春风里如鱼得水、长袖善舞、进退自如且功勋卓著的台州商人。台州市委市政府专门评选出"台州改革开放 40 年民营经济 40 名风云人物"，刘鹏自然是其中不可或缺的一员。

关于他的一生，此篇不再赘述了。

2018 年 9 月，《台州日报》刊出《改革开放看台州｜刘鹏：从"见证者"到"缔造者"》一文，文中回顾了刘鹏精彩辉煌的创业史，分析了他得以成功的品质和才能，从中，我们不难看出刘鹏兼具科研、经营、管理于一身的"儒商"本色。

东风徐来、柳叶新裁、绿茶温醇、案牍不辍。此刻的刘老，依然耳聪目明、思维敏捷、谈吐儒雅、风度从容。

他每日早上 6 点起床，早餐后看新闻了解相关信息；上午处理工作之事；中午也不休息，有时会会客，有时打打麻将；晚上就更热闹，家里常常高朋满座，三教九流的朋友熙来攘往，至晚上11点休息。他平时该吃吃该喝喝，从不刻意地控制和改变饮食及生活习惯。

在大多数人看来，这样的节奏也就适合青年人，一般中年以上的人都可能吃不消。但刘老却还是神采奕奕、精神矍铄；处理事务照样毫不滞缓、务实有效；说话论事往往一语中的、一针见血。这就导致很多人经常向他讨教养生之道，这种时候，刘老往往淡淡一笑曰："无他耳，得不为喜、去不为恨，心态好就是了。"

是啊，心态好就是了。无论是处在官二代的童年时光，还是居于窘困时的青春岁月，或是大显身手的中年时代，乃至而今步入老年，他都从来没有放弃过自己的追求和信念。一个热爱生命的人，无论生命带给他的是痛苦还是欢乐，他都一如既往地努力去做，正视现实，积极奋进，真正去创造人生的价值。

对于耄耋之年的刘鹏来说，时光无疑是浓郁的，它从不因历经的沧桑和痛楚而失却缤纷的色彩。

桃李不言，下自成蹊。

姜桂之性，愈老愈辛。祝刘老有生之年越活越精彩！

贺鹏叔寿辰

明珠乱世岂蒙尘，
祥瑞金鹏己卯呈。
忧患惯经无险事，
功名看淡且求真。
踏平汹涌千层浪，
穿破崎岖万座峰。
大雪新临催枝挺，
晚香何惧近黄昏。

秋瑞香·后记

乱世不居人后，
改革勇争潮首。
助推火箭飞重九，
执掌商城谁否？
瑶阶玉树凭君秀。
人长久，堂前燕去八十度。
一缕初心依旧。